W0322714

Täglich Fleisch

SUPERMA

Nicolai Worm

Täglich Fleisch

Auch der Mensch braucht artgerechte Ernährung

Illustriert von Stefanie Harjes

Hallwag
München und Bern

Lektorat: Urs Aregger
Umschlag und Gestaltung: Robert Buchmüller
Umschlagillustration: Stefanie Harjes
Satz: Utesch GmbH, Hamburg
Druck und Einband: aprinta GmbH & Co., Druck-KG, Wemding
Hallwag ist ein Unternehmen des Gräfe und Unzer Verlags, München

ISBN 3-7742-5490-7 20. 11. 01

Hallwag

Inhalt

Über dieses Buch

Kaum hatte ich im Herbst 2000 die letzten Kapitel meines Manuskripts zu *Täglich Fleisch* abgeschlossen, wurde Deutschland vom «BSE-Skandal» erschüttert. Selbst Österreich erreichte das Beben. Nur die Schweizer hatten schon einige Jahr früher mit dem Phänomen «Rinderwahnsinn» umzugehen gelernt. Das Buchprojekt wurde erstmal gestoppt, um die Entwicklung in Sachen BSE und Verbraucherschutz abzuwarten. Diesen Themen sind nun zwei zusätzliche Kapitel gewidmet, und das Buch trägt einen gegenüber der ersten Verlagsankündigung neuen Untertitel.

Eine inkompetente, sensationslüsterne Berichterstattung in den Medien schürte die «Fleischpanik», und die Verbraucher reagierten entsprechend. Aber der «BSE-Skandal» ist auch für ein anderes Phänomen exemplarisch: die Macht des Zeitgeistes. In Windeseile fanden sich Vorsänger, in deren Aufführungen Dutzende selbst ernannte Experten in einen gewaltigen Kanon einstimmten. Unbelegte Thesen, vage Vermutungen und irrwitzige Behauptungen wurden über Nacht zu «Fakten», die sich mit Windeseile verbreiteten. Und schnell gehörte es für jeden «aufgeklärten» Bürger zum guten Ton, im ach-so-kritischen Chor mitzusingen. Selbst etablierte Literaturkritiker und frühere Tennisprofis wurden als unfehlbare Experten präsentiert. Gebetsmühlenartig beteuerten sie alle, sich des Problems schon immer bewusst gewesen zu sein. «Also bei uns zu Hause gab es auch nur einmal die Woche Fleisch. Und hat es mir etwa geschadet? Wir essen heute einfach alle *zu viel* Fleisch! Das kann ja nicht gesund sein.»

Genau diese Argumentation hatte es mir schon lange angetan und mich motiviert, dieses Buch zu schreiben.

Hat es denn für unsere Gesundheit irgendeine Aussagekraft, welche Nahrungsmittel und wie viel davon unsere Großeltern sich im Alltag leisten konnten? Warum sollten wir nur eine Generation oder zwei zurückblicken? Warum nicht 20, 200 oder 2000 Generationen?

Was unserem Körper gut tut, ist in unseren Genen festgelegt. Deshalb sind die Ernährungsgewohnheiten unserer nächsten Vorfahren für unsere genetische Ausstattung völlig unerheblich. Gene entwickeln sich in einem evolutionären Prozess über Millionen von Jahren. So ist es in der Tat viel interessanter zu erforschen, was unsere Vorfahren in der Urzeit auf dem «Teller» hatten. Zumindest seit der Steinzeit – das ist inzwischen wissenschaftlich gesichert – sind unsere Gene weitestgehend unverändert geblieben.

In den letzten Jahren haben sich zahlreiche Forscher um einen Einblick in die Ernährung unserer archaischen Vorfahren verdient gemacht. In meinem letzten Buch «Syndrom X oder Ein Mammut auf den Teller!» habe ich diese neuen Erkenntnisse beschrieben. Sie sind im ersten Teil des vorliegenden Buches – neben einer Darstellung des Nährwertes und einer Abhandlung über die gesellschaftlich unterschiedlichen Einstellungen zu Fleisch – ganz kurz zusammengefasst und in Verbindung mit Erkenntnissen aus neuen Stoffwechselstudien im vierten und abschließenden Teil des Buches zu einem Konzept der «artgerechten» Ernährung für den Menschen verknüpft.

Im zweiten Buchteil geht es mir dann um die bekannten Vorurteile gegen Fleisch, im dritten um die wirklichen Probleme damit und darum, mit welchen Maßnahmen sich Verbraucher vor Schaden schützen können.

Die These, dass Fleisch – zumindest in den Mengen, die für uns heute «normal» sind – ungesund sei, wurde seit langem immer wieder von Vegetariern sowie radikalen Umwelt- und Tierschützern bekundet. Solange diese

Gruppierungen als Außenseiter angesehen wurden, pflegte das Ernährungsestablishment die Einstellung, dass für solche Behauptungen die wissenschaftlichen Belege fehlten. Aber in den 1990er-Jahren gewannen vegetarische Positionen in den Medien die Oberhand und bekamen im Zuge des Zeitgeists selbst von der Gilde der Ernährungs- und Verbraucherberater immer mehr Zustimmung. Inzwischen sind diese Thesen sogar in die offiziellen Empfehlungen gewisser Fachgesellschaften eingegangen, ohne dass ihre Repräsentanten jemals echte wissenschaftliche Belege dafür verlangt hätten …

In Hunderten von Vorträgen und Seminaren vor Ärzten und Ernährungsberatern, aber auch vor vielen interessierten Laien, habe ich in den letzten Jahren reichlich Erfahrung über die verbreiteten Ansichten zur «gesunden Ernährung» sammeln dürfen. Das zeigte mir, dass zu keinem Nahrungsmittel so viele Vorurteile und längst überholte Dogmen im Umlauf sind wie zum Fleisch. Viele Meinungsbildner in der Gesundheitsszene fragen schon lange nicht mehr danach, ob das, was an Fleischthesen aufgetischt wird, wirklich stichhaltig ist. Ihnen genügt bereits die Bejahung der Frage, ob es so sein könnte.

Wenn Ernährungsberater oder Vertreter «offizieller» Fachgesellschaften die Verbraucher nun dazu bewegen wollen, ihre Ernährungsgewohnheiten einschneidend zu ändern, sollten sie sehr sicher sein, dass die Umsetzung der Empfehlungen auch wirklich zu eindeutigen gesundheitlichen Vorteilen führt. Dass eine Einschränkung des Fleischverzehrs per se irgendeinen Gesundheitsvorteil erbringt, ist aber nicht einmal annähernd wissenschaftlich belegt. Darum ist ein drastischer Einschnitt in die Lebensqualität ohne gesicherten Nutzen völlig unakzeptabel. Für diese Art von Sorgfaltspflicht scheint es aber heute kein Bewusstsein zu geben. Dafür schlagen Nutznießer aus Glauben und Hoffnungen der

Bürger um so mehr Profit: Mit den «gesünderen» Alternativen und mit philosophisch verbrämter Ernährungsberatung werden Milliardenumsätze gemacht.
Über einen Zeitraum von 20 Jahren habe ich mich nun mit der Frage wissenschaftlich auseinandergesetzt, ob und inwieweit tierische Nahrungsmittel mit der Entstehung von Zivilisationskrankheiten zusammenhängen. Dieses Wissen zum Nahrungsmittel Fleisch einmal für ein breites Publikum aufzuarbeiten und die Fakten den vielen unbelegten Thesen und Vorurteile gegenüberzustellen, war meine Hauptmotivation.
Dabei ist «Täglich Fleisch» keinesfalls ein Aufruf zu mehr Fleischgenuss und noch intensiverer Massentierhaltung. Im Gegenteil – mir geht es um die Rückbesinnung auf ein sehr hochwertiges Nahrungsmittel, das die Ernährung des Menschen während seiner Entwicklungsgeschichte dominierte und allzeit von höchster Wertschätzung begleitet war: Die Menschen aßen immer so viel Tierisches wie möglich und nur so viel Pflanzliches wie nötig. Für ihr «tägliches Fleisch» gaben sie alles – oft sogar ihr Leben. So weit muss es ja nicht mehr kommen, aber warum sollten wir nicht auch wieder für ein hochwertiges «Lebens-Mittel» einen hohen Preis bezahlen müssen?
Im Rahmen eines so kleinen Buches ist kein Platz, die wissenschaftlichen Quellen im Einzelnen zu dokumentieren. Wer sich dafür interessiert, auf welche Studien oder wissenschaftlichen Veröffentlichungen sich meine Ausführungen stützen, den verweise ich auf mein Buch «Syndrom X oder Ein Mammut auf den Teller!», das zahlreiche Hinweise auf die entsprechende Fachliteratur enthält. Und natürlich kann sich jeder auch persönlich an mich wenden über meine Website
(www.nicolai-worm.de).

Nicolai Worm
Berg, im Sommer 2001

Teil I
Fleisch als wertvolle Urernährung

KAPITEL 1

Der Nährwert des Fleisches

Essen ist gesund! Bei all den Horrormeldungen in Presse, Rundfunk und Fernsehen haben das viele Mitbürger vergessen. Wir Menschen benötigen, wie alle anderen Lebewesen, bestimmte Mengen an Energie und Nährstoffen, also an Eiweiß, Fett, Vitaminen, Spurenelementen und Mineralstoffen. Damit müssen die körperliche Aktivität gespeist, der Stoffwechsel aufrechterhalten sowie die Zellen und Gewebe aufgebaut, erneuert und immer wieder repariert werden.

Erst bei einer entsprechenden Versorgung mit lebenswichtigen Nährstoffen während des oft langen Lebens kann der Körper sein genetisch festgelegtes Potenzial voll ausschöpfen.

Kein einziges natürliches Nahrungsmittel enthält alle lebenswichtigen Nährstoffe. Alle haben verschiedene Schwerpunkte und auch «Lücken». Deshalb müssen wir unterschiedliche Nahrungsmittel sinnvoll kombinieren. Umgekehrt hängt es niemals von einem einzelnen Nahrungsmittel ab, ob eine Ernährungsweise «gesund» oder «ungesund» ist.

Sich «gesund» zu ernähren heißt folglich, nicht zuviel von einigen wenigen Nahrungsmitteln zu sich zu nehmen, sondern das ganze Spektrum der verschiedenen Nahrungsmittel auszunutzen, so dass wir uns alle lebenswichtigen Nährstoffe zuführen. Anderseits sollte Eintönigkeit vermieden und überdies auch Geschmack und Lust auf gutes Essen nicht vernachlässigt werden. Das Genießen von Speisen zählt ja zu den herausragenden Lebensfreuden.

Fleisch gehört zu den wertvollsten Nahrungsmitteln, da es uns mit einer ganzen Palette von lebenswichtigen Nährstoffen versorgt. Doch wie überall im Leben gilt: Viel hilft nicht viel. Wer zuviel Fleisch isst, läuft Gefahr, andere wertvolle Lebensmittel, die wiederum andere lebenswichtige Nährstoffe enthalten, zu vernachlässigen. Damit kann die Gesamternährung aus dem Gleichgewicht gebracht werden.

Essenzielle Nährstoffe

Fleisch – ob von Rind, Schwein, Lamm, Ziege oder Geflügel – liefert sehr hochwertiges Eiweiß, das heißt alle essenziellen Aminosäuren in günstiger Menge und Relation zueinander. Pflanzliches Eiweiß ist nicht derart «komplett» und so prinzipiell als weniger hochwertig einzustufen.

Im Fleischfett finden sich neben den gesättigten Fettsäuren überwiegend einfach und mehrfach ungesättigte Fettsäuren. Das Muskelfett vom Rind enthält durchschnittlich 55 % ungesättigte Fettsäuren. Beim Schwein sind es zwischen 52 und 62 %, und bei Geflügelfleisch liegt der Anteil gar bei etwa 70 %. Das Depotfett – also vor allem die sichtbaren, dicken Fettabschnitte unter der Haut und im Bauchbereich, die man bei der Zubereitung leicht entfernen kann – enthält zwar etwas mehr gesättigte Fettsäuren, ist aber immer noch überwiegend ungesättigt. Im Gegensatz zu den pflanzlichen Fetten enthält Fleischfett tatsächlich alle essenziellen mehrfach ungesättigten Fettsäuren – selbst die langkettigen, hoch ungesättigten Omega-3-Fettsäuren, vor allem wenn die Tiere noch auf Steppen, Wiesen oder im Wald weiden. Im Fleischfett von Wiederkäuern, also beispielsweise bei Rind- oder Ziegenfleisch, ist darüber hinaus eine ganz besondere ungesättigte Fettsäure enthalten, die «konjugierte Linolsäure» (abgekürzt: CLA), der beson-

ders positive physiologische Wirkungen zugeschrieben werden: Sie soll Krebs hemmend und gegen Atherosklerose wirksam sein und das Wachstum von Muskeln und Knochen fördern, die Fetteinlagerung in die Zellen hingegen vermindern.
Eine herausragende Bedeutung hat Fleisch auch als Quelle für die Vitamine A, B_1, B_2, B_6 und B_{12}. Als B_1-Lieferant ist das Schweinefleisch sogar der absolute Spitzenreiter unter allen natürlichen Nahrungsmitteln. Nach neuen Erkenntnissen muss Fleisch nunmehr auch als eine der wichtigsten Vitamin D-Quellen, in etwa vergleichbar mit Fisch, eingestuft werden! Denn das darin enthaltene 25-Hydroxy-Vitamin D wirkt schätzungsweise fünfmal stärker als «normales» Vitamin D, das man bislang alleine berücksichtigt hatte.
Außerdem ist Fleisch eine herausragende Zink- und Eisenquelle, sowohl wegen des hohen Gehalts als auch wegen der hohen Verfügbarkeit. Das Verdauungssystem des Menschen kann viele Mineralien aus Pflanzen und hier gerade auch Eisen und Zink wesentlich schlechter aufnehmen. Schließlich enthält Fleisch noch Magnesium, Chrom, Kupfer und Selen in nennenswerten Mengen.

Mangelversorgung droht

Der derzeitige Trend unter der jungen Bevölkerungsschicht, speziell bei jungen Frauen, möglichst wenig Fleisch zu essen, hat sich als problematisch erwiesen. Bei ihnen kann relativ häufig eine ungenügende Zink- und Eisenversorgung festgestellt werden. Sogar regelrechte Mangelzustände sind bei dieser Bevölkerungsgruppe nicht selten. Da Fleisch von allen Lebensmitteln die beste Zink- und Eisenquelle ist, wäre den Betroffenen zu raten, zur Sicherstellung der Gesundheit entsprechende Fleischportionen regelmäßig in den Ernährungsplan aufzunehmen.

Hohe Nährstoffdichte

Durch Zucht- und Haltungsmaßnahmen hat sich der Fettgehalt von Fleisch in den letzten Jahrzehnten dramatisch reduziert. In den vom Verbraucher bevorzugten mageren Teilstücken, zum Beispiel in 100 g Schweinsschnitzel oder Filet, sind nur etwa 2 g Fett enthalten. Entsprechend liefern solche magere Stücke Fleisch nur knapp über 100 kcal und gehören somit zu den kalorienarmen Nahrungsmitteln. Da Fleisch gleichzeitig viele essenzielle Nährstoffe enthält, ergibt sich ein besonders günstiges Verhältnis von Nährstoff- zu Energiegehalt. Man spricht dann von einer «hohen Nährstoffdichte». Kaum an Nährstoffdichte zu übertreffen ist speziell die Leber. Bei ihren etwa 130 kcal pro 100 g ist sie mit Nährstoffen vollgepackt. Herausragend ist hier das Vitamin A, aber neben den oben genannten B-Vitaminen ist hier auch die Folsäure, ein weiteres B-Vitamin, mit besonders hohen Werten vertreten. Selbst bezüglich Vitamin C ist Leber nicht zu verachten. Nicht umsonst verabreichte man traditionellerweise vor allem Kindern Lebertran, Kalbsleber oder Leberwurst.

Was daraus folgt

- Fleisch- und Fleischwaren sind herausragende Quellen für B-Vitamine, Eisen, Zink, Selen und Jod.
- Mageres Fleisch ist fett- und kalorienarm.
- Fleischfett besteht überwiegend aus ungesättigten Fettsäuren.
- Regelmäßiger Fleischkonsum vereinfacht eine bedarfdeckende Ernährung.

KAPITEL 2

Mit Fleisch zum Menschen

Was der Körper zur Erhaltung seiner Funktionen und damit seiner Gesundheit benötigt, ist in unseren Genen festgelegt, die sich in einem evolutionären Prozess über viele Millionen Jahre entwickelt haben. Die vorherrschenden Umweltbedingungen waren dabei für ihre Ausprägung verantwortlich. In den letzten 40 000 Jahren – eine aus evolutionärer Sicht sehr kurze Zeit – haben sich unsere Gene nachweislich nicht weiterverändert. Wir leben also immer noch mit Steinzeitgenen, jetzt allerdings in einer High-Tech-Welt. Muss man folglich nicht davon ausgehen, dass uns auch heute noch die Ernährungsweise am gesündesten erhalten würde, die der Menschheit in den Hundertausenden von Jahren davor zu ihrer bemerkenswerten Entwicklung verholfen hatte?

Out of Africa

Die Wiege der Menschheit ist mit größter Wahrscheinlichkeit Ostafrika. Vor etwa 7 Mio Jahren entstand die Linie der Hominiden, die sich im Laufe der folgenden 4 Mio Jahre in verschiedene Linien von «Vormenschen» aufzweigte. Aus einer Linie ging dann vor etwa 2,3 Mio Jahren der erste direkte Vorfahre des Menschen, der Homo habilis, hervor. Diese Linie entwickelte sich weiter bis hin zum anatomisch modernen Menschen, dem Homo sapiens sapiens, der vor etwa 140 000 Jahren erstmals auftauchte.

Die Zeit der Entwicklung vom Vormenschen zum Homo sapiens war von dramatischen Klimavextrände-

rungen geprägt. Eiszeiten hatten die Flora radikal verändert. Große Bereiche der riesigen Regenwälder Afrikas schrumpften und versteppten. So mussten unsere ältesten, noch affenartig auf den Bäumen lebenden Vorfahren ihren Lebensraum auf karge Steppen und Savannen erweitern. Damit erwarben sie sich auch ihren aufrechten Gang. Die gewohnte Kost aus Blättern, Früchten und Beeren war nun aber nicht mehr oder zumindest nur noch beschränkt verfügbar. Auch andere gelegentlich auffindbare pflanzliche Nahrung wie Wurzeln, wilde Gemüse, Samen von wilden Gräsern und Nüsse dürften für die zunehmende Population nicht mehr ausgereicht haben. So wurden Insekten, Maden und Würmer zu willkommenen Sättigungsbeilagen. Später gehörten Ratten, Mäuse, Echsen und andere Reptilien, Vögel und deren Eier zu den begehrten Speisen. Auch Aas – nämlich das, was die großen Raubtiere übrig ließen – lernten unsere Vorfahren als eine einfach zu ergatternde «Vesper» zu schätzen. Vor allem auf Hirn und Knochenmark hatten sie es abgesehen. Mit der Zeit entwickelten sie dann Waffen und verbesserte Jagdtechniken. Damit wurden immer größere Land- und später auch Wassertiere zur dominierenden Nahrungsquelle. Noch stärker galt dies für jene Vorfahren, die es in kalte Gebiete verschlagen hatte. In Europa hatten sie während der Eiszeiten gar keine andere Wahl: Sie mussten sich wie Carnivoren, also wie die spezialisierten Fleischfresser, ernähren, wenn sie nicht verhungern wollten.
Erst vor etwa 10 000 Jahren wurden die Menschen sesshaft und begannen mit dem Anbau von Pflanzen. Während 99,5 % ihrer Entwicklungsgeschichte haben sie also als Jäger und Sammler gelebt. Dabei entwickelte sich der Mensch vom reinen Pflanzenesser zu einem Omnivoren, einem Allesesser, mit starker Berücksichtigung der tierischen Kost. Dieses Ernährungsmuster war noch bis in die Neuzeit bei der Mehrheit der als Jäger und Sammler lebenden «Naturvölker» vorzufinden.

Dank Fleisch mehr Hirn

Vor etwa 2,3 Mio Jahren setzte bei unseren Vorfahren eine rasante Entwicklung des Hirnvolumens ein. Das Gehirn aller Lebewesen verbraucht in Relation zu anderen Körpergeweben immens viel Energie. Reine Pflanzenfresser führen sich mit ihrer ballaststoffreichen Blätter-, Früchte- und Beerenkost zwar ein großes Nahrungsvolumen, aber relativ wenige Kalorien und nur beschränkte Mengen gewisser Nährstoffe zu. Gleichzeitig haben sie aber ungeheuer viel Energie für die intensiven Verdauungs- und Stoffwechselvorgänge aufzuwenden – sie müssen ja alle ihre «tierischen» Körpersubstanzen aus pflanzlichem Rohmaterial selbst herstellen. Das Zentrale Nervensystem ist so mit dem Regeln und Steuern dieser Prozesse völlig ausgelastet.
Mit einer Steigerung der Nahrungsqualität, das heißt mit einer nährstoff- und energiereichen, leicht aufschließbaren «Mischkost», konnten in einem evolutionären Prozess das Verdauungssystem entlastet und gleichzeitig Kapazitäten für das Hirnwachstum freigemacht werden. Tatsächlich fand parallel zur Hirnausbildung eine Rückentwicklung des Magen-Darm-Trakts statt. Diese Entwicklungen bedingen einander: Ohne tierische Nahrung wäre eine entsprechende Ausbildung des Hirns in der Evolution unmöglich gewesen.

Die «Carnivore Connection»

Immer gab es Nahrung nur mittels körperlicher Anstrengung. Muskelkraft und Ausdauer waren deshalb die entscheidenden Koordinaten des täglichen Lebens. Dabei war die Kost unser Vorfahren in den letzten 2 Mio Jahren eiweiß- und fettreich. Die Kohlenhydrate waren chronisch knapp – es gab Mammut statt Müesli! Aktive Muskulatur verbraucht zur Energiebereitstellung überwiegend Kohlenhydrate bzw. Zucker (Glukose). Wenn aber die Versorgung mit Kohlenhydraten bzw. Glukose chronisch knapp wird, ist es physiologisch sinnvoll, die Kohlenhydrate von Muskelzellen fernzuhalten, um diese für die lebenswichtigsten Gewebe wie Hirn, Blutzellen und Fortpflanzungsorgane zu sichern. Dies war während der letzten Jahrmillionen der Fall.

Wenn Muskelzellen auf Insulinsignale nicht ausreichend reagieren und den Zucker aus dem Blut nicht oder nur eingeschränkt aufnehmen, nennt sich dies «Insulinresistenz». Dieser physiologische Mechanismus erwies sich als eine gelungene Adaptation an die herrschenden Umweltbedingungen. Vorfahren mit dieser genetischen Variante hatten einen Überlebensvorteil. Entsprechend wurde dieses Genprogramm in der Evolution selektiert. Dies erklärt, warum heute so viele Menschen weltweit die Veranlagung zur Insulinresistenz in sich tragen. Bei unserer heutigen Bewegungsarmut, dem vorherrschenden und zunehmenden Übergewicht und der ständigen Kohlenhydratzufuhr über feste und flüssige Nahrung prädestiniert diese Veranlagung nun aber zu einem Verbund an Stoffwechselstörungen, was auch als Metabolisches Syndrom bzw. «Syndrom X» bezeichnet wird und unsere «Zivilisationskrankheiten» auslöst (siehe Kapitel 16 und 17).

Was daraus folgt

- Der Mensch hat sich während der Evolution vom reinen Pflanzen- zu einem Alles(fr)esser entwickelt.
- Die dominierende Nahrung der letzten 2 Mio Jahre war Fleisch.
- Ohne Fleisch wäre die Entwicklung der menschlichen Intelligenz unmöglich gewesen.

KAPITEL 3

Von Fleischhunger und Fleischverboten

Ethnologen und Anthropologen sind sicher: Kein «Naturvolk» auf der Welt hat sich jemals gänzlich oder auch nur annähernd vegetarisch ernährt. Zu allen Zeiten war und ist Fleisch ein äußerst begehrtes Nahrungsmittel des Menschen, sofern er darüber verfügen kann und darf. Selbst die diversen «Fleischskandale» und der BSE-Schock ließen die Menschen immer nur kurzfristig nach Alternativen suchen. Wie erklärt sich dieser «Fleischhunger» der Menschen?

Bessere Nahrungsqualität

Aus der Evolution lässt sich ein Prinzip ablesen: Alle Säugetiere inklusive des Menschen benötigen dieselben Nährstoffe zum Leben: gewisse Amino- und Fettsäuren, Vitamine, Mineralstoffe und Spurenelemente. Entsprechend sind diese Stoffe in ihrem Körper in mehr oder weniger großer Menge vorzufinden. Wenn also ein Säugetier den Körper eines anderen frisst, ergibt sich daraus eine konzentrierte Zufuhr vieler dieser lebenswichtigen Nährstoffe.

Pflanzen benötigen als Nährstoffe nur Mineralien, Wasser und Sonnenlicht, um ihre Gewebe aufzubauen. Das Spektrum an Substanzen, das wir bzw. die Tiere als «Nährstoffe» nutzen können, ist beschränkt. Alle reinen «Pflanzen(fr)esser» müssen folglich verschiedene lebenswichtige Nährstoffe selbst herstellen, die sie über ihre pflanzliche Kost nicht oder in einer nicht ausreichenden

Quantität oder Qualität erhalten. Das verlangt einen aufwändigen Verdauungs- und Stoffwechselprozess, der ein Großteil der Kapazität des Zentralen Nervensystems belegt (siehe Kapitel 2).
Menschen können gewisse Aminosäuren (Eiweißbausteine) und hoch ungesättigte Fettsäuren sowie alle Vitamine und Mineralien nicht selbst herstellen. Über pflanzliche Kost erhalten sie viele davon unzureichend oder gar nicht. Vegetarier und vor allem Veganer (Personen, die gar nichts vom Tier als Nahrungs- oder Kleidungsmittel akzeptieren) sind bezüglich einer Reihe von Nährstoffen bedenklich schlecht versorgt (siehe Kapitel 9). So verbessert bzw. vereinfacht der Verzehr von Fleisch und anderer tierischer Produkte heute wie damals die Ernährungsqualität entscheidend.

Günstiges Kosten-Nutzen-Verhältnis

Hinter dem Fleischhunger steht im Prinzip eine optimierte Futterbeschaffung: Beim Verzehr von Fleisch, Innereien und Fettabschnitten bekommt man wesentlich mehr Energie und Nährstoffe im Verhältnis zu seinem Körpereinsatz für die Nahrungsbeschaffung zurück als beim Verzehr von Früchten und Beeren, Gemüse und Wurzeln. Der Einsatz von Zeit und Muskelkraft für das Sammeln und Zubereiten von pflanzlicher Kost stand also in keinem sinnvollen Verhältnis zum darin enthaltenen Nährwert. Das beste Kosten-Nutzen-Verhältnis ergibt sich für das Jagen und Verzehren der größten Tiere: Je «gewichtiger» ein Tier, desto höher sein Fettgehalt und seine Energiedichte. Nicht umsonst waren bis vor kurzem überall auf der Erde die fettesten Fleischstücke immer die begehrtesten. Bei «Naturvölkern» wurde das magere Muskelfleisch sogar verschmäht. Erst seit der Erfindung der Institution «Ernährungsberatung» wird dieses instinktive Verhalten,

Fettreiches zu bevorzugen, radikal bekämpft – allerdings mit auffallend geringem Erfolg …

Fleisch als Luxus

Mit der Ausbreitung des Ackerbaus und dem steigenden Verzehr pflanzlicher Nahrung stieg das Prestige des zwischenzeitlich rar gewordenen Großwildes. Diese «Kostbarkeit» entwickelte sich zu einer privilegierten Herrenspeise: Die Großen und Mächtigen pflegten sich das Jagdrecht vorzubehalten. So kam es, dass man bis in die Neuzeit an hohen Festtagen in wohlhabenden Städten und auf ländlichen Herrensitzen besonders viel Fleisch aß. Fleischgenuss wurde zum Statussymbol.
Wie sehr man in frühen Jahrhunderten unserer Zeitrechnung Fleisch schätzte, geht auch daraus hervor, dass man beim Schlachten möglichst wenig Teile wegwarf. Während die «Großkopferten» den am Spieß gewendeten Braten bevorzugten, blieb den sozialen Unterschichten der Verzehr von minderen Fleischresten. In der Regel lebte das gemeine Volk von Getreidebrei, Brot, Hülsenfrüchten und wenig Gemüse.
Frühzeitig begann man zur Erhöhung der Fleischproduktion mit der Tiermast. Diesen Effekt lernte man noch durch das Stopfen, Blenden und Kastrieren von Schlachttieren zu verstärken. Die Produktionsmethode war das ganze Mittelalter hindurch verbreitet. Allerdings hatte man bis zum Aufkommen des modernen Futtermittelanbaus und der Intensivierung der Weidewirtschaft große Mühe, die Tiere in der kalten Jahreszeit durchzufüttern. Ein Großteil musste folglich im Spätherbst geschlachtet und zur Konservierung eingepökelt und geräuchert werden.
Mit dem 17. Jahrhundert setzte eine «Entfleischlichung» der Kost ein, die bis ins 19. Jahrhundert fortdauerte. Man aß immer weniger davon, was aber weniger mit

der sinkenden «Fleischeslust» als vielmehr mit ökonomischen Zwängen zu tun hatte. Der Bedarf der wachsenden Bevölkerung war höher als das, was in der Viehwirtschaft produziert werden konnte. Unter anderem hatte der zunehmende Getreideanbau die Weideflächen verringert. Dazu kamen noch Kriege, lokale Fehden und Missernten. Futtermittel wurden knapp, und damit ergaben sich miserable wirtschaftliche Bedingungen für die Fleischproduktion.
Folglich beherrschte pflanzliche Kost immer stärker die Nahrung. Manch einer war in dieser Situation dazu übergegangen, nur noch Fleisch von todkranken oder bereits verendeten Tieren zu essen. Dass dies mit erheblichen hygienischen Problemen und gesundheitlichen Risiken einherging, erkannten Mediziner bald. Sie empfahlen aus Gesundheitsgründen den völligen Verzicht auf Fleisch. Und die Bevölkerung kam diesem Rat vermehrt nach. Vor diesem Hintergrund erklärt sich das Entstehen der Vegetarierbewegung Ende des 19. Jahrhunderts in Europa.

Vegetarismus früher und heute

Das Prinzip des Vegetarismus beinhaltet, Produkte vom toten Tier wie Fleisch, Fleischwaren und Fisch zu meiden. Der Begriff leitet sich aus dem lateinischen *vegetare* ab, was so viel wie «leben» bedeutet. Definitionsgemäß akzeptieren die meisten Vegetarier Produkte vom lebenden Tier, etwa Milch und Milchprodukte, Eier, Honig und so weiter. Die so genannten Veganer verzichten sogar auf diese Nahrungsmittel …
Der Anteil an Vegetariern in der westlichen Bevölkerung ist schwer abzuschätzen. In Deutschland liegt er zurzeit bei etwa 1 bis 2% der Bevölkerung. Davon sind wiederum schätzungsweise 10% Veganer. Als Motivation stehen heute bei der Mehrheit ethische Überlegun-

gen an erster Stelle, gefolgt von vorgeblich gesundheitlichen Vorteilen, angeblicher körperlicher und geistiger Leistungssteigerung sowie ökologischen Aspekten. Seit den 1980er-Jahren hat die Vegetarierbewegung einen deutlichen Aufschwung erlebt.

Wie viele Vegetarier heute weltweit existieren, kann nicht genau angegeben werden, da nur der geringste Teil organisiert ist. Ihre Zahl wird auf 1 bis 2 Mia Menschen geschätzt. Allerdings lebt der Großteil mit Sicherheit unfreiwillig fleischlos, das heißt aus wirtschaftlich-finanziellen, ökologischen oder religiös-dogmatischen Gründen: Wenn keine oder nur beschränkt tierische Nahrungsmittel zur Verfügung stehen, bleibt dem Menschen nichts anderes übrig als zu versuchen, seinen Energie- und Nährstoffbedarf vermehrt mit der zur Verfügung stehenden pflanzlichen Kost abzudecken.

Fleischtabus in den Weltreligionen

Warum lehnen Hindus den Verzehr von Rindfleisch ab? Warum essen Juden und Moslems kein Schweinefleisch? Völkerkundler stimmen darin überein, dass Fleischverbote in den Weltreligionen ursprünglich immer auf den oben erwähnten ökologischen und ökonomischen Zwängen beruhten.

In Indien wurden Rinder Jahrhunderte lang ohne Hemmung geschlachtet und verzehrt. In der Mitte des ersten vorchristlichen Jahrhunderts wurden in Nordindien Rinder wegen des zunehmenden Mangels an Weideflächen aber zu kostbar, als dass man sie einfach hätte verspeisen können. Dem indischen Kleinbauern dienten Ochsen damals wie heute als ideales Zugtier vor dem Pflug. Rindermist ist bis heute der wichtigste Dünger, und für Millionen indischer Haushalte sind bis in unsere Tage die getrockneten Kuhfladen das erste Heizmaterial. Vor diesem Hintergrund wirkt sich ein über die Religion ausgesprochenes Rindfleischverbot äußerst positiv aus. Es verhindert auch in unserer Zeit noch, dass Kühe und Ochsen während Perioden großer Trockenheit und Dürre zur Hungerstillung geschlachtet werden. Millionen indischer Kleinbauern würden dann nach dem einsetzenden Klimaumschwung ohne ihre wichtigsten Helfer zum Bestellen ihres Landes auskommen müssen.

Schweinefleisch – von der Delikatesse zum Nahrungstabu

Für das Schweinefleischverbot gilt Ähnliches. Das «arme» Schwein galt ursprünglich nicht als «unrein». Im Gegenteil, es erfreute sich im Vorderen Orient in der Antike zunächst größter kulinarischer Beliebtheit. Allerdings lebte das Schwein natürlicherweise in den dort noch üppig gedeihenden Wäldern. Als die Eichen- und Buchenwälder dann kahl geschlagen wurden, um riesige Ackerflächen mit Kulturpflanzen anzulegen und zudem Baumaterial für die Kriegsflotten zu gewinnen, erlebten die Schweine einen tiefgreifenden Wandel in ihren Lebensverhältnissen. Sie verloren so ihre natürliche Umgebung. Schließlich wurde das Wildschwein gezähmt und in die Städte verpflanzt, wo es fortan als Hausschwein lebte.

Weil das Schwein kaum Schweißdrüsen besitzt, ist ihm schattiger Wald mit feuchtem Boden, Pfützen, Matsch und Schlamm lebensnotwendig, um sich abkühlen zu können. Aber das war in den Städten nun nicht mehr möglich. Notgedrungen wälzte es sich in allem, was feucht war, sogar in den eigenen Exkrementen. Das erschien den Menschen doch ein wenig befremdlich. Zudem wurden die Futtermittel immer knapper und damit teurer. Das Wasser und die kostbareren Feldfrüchte

mussten mit dem Schwein geteilt werden. Außerdem war das Schwein zu nichts nutze – es ließ sich weder zum Ziehen noch zum Transportieren, geschweige denn zur Kriegsführung verwenden. Sein Kot ließ sich auch nicht als Heizstoff oder Baumaterial einsetzen. Das heißt, die Kosten-Nutzen-Rechnung ging nicht mehr auf, und so war es nur konsequent, dass ein paar kluge Köpfe den Verzehr von Schweinefleisch per Religionsdogma als «unrein» erklärten und verboten.

Wohlstand verlangt Fleisch

Seit der Mitte des 20. Jahrhunderts kam es durch die Verstädterung und die fortschreitende Industrialisierung zu einer Intensivierung der Landwirtschaft. Fleisch wurde einfacher produzierbar, und das zusätzliche Angebot einerseits sowie die steigende Nachfrage auf Grund des zunehmenden Wohlstandes der Bürger anderseits führten zu mehr Fleischkonsum in allen Industrieländern. Nur in den Entwicklungsländern wird auch heute noch wenig Fleisch gegessen.

Dieser Zusammenhang ließ sich in den letzten Jahrzehnten gerade in Europa hervorragend beobachten: Mit dem Beitritt Spaniens, Portugals, Griechenlands und Irlands, der ehemaligen «Armenhäuser» Europas, zur Europäischen Union steigerten sich sowohl das Bruttosozialprodukt dieser Staaten als auch ihr Fleischkonsum rasant. Heute ist – auf der Basis der Marktzahlen von 1999 – Spanien mit 129 kg Fleischkonsum pro Kopf und Jahr mit Abstand Europameister, gefolgt von Frankreich mit 110 kg, Dänemark und Irland mit 107 kg und Portugal mit 105 kg. In Österreich begnügt man sich mit 98 kg, und wir Deutschen liegen mit 94 kg abgeschlagen im unteren Mittelfeld.

Was daraus folgt

- Mit dem Verzehr von Tieren delegiert man die Herstellung lebenswichtiger Nährstoffe an andere Lebewesen.
- Das Essen von Fleisch und anderen tierischen Produkten bedeutet eine einfache Sicherstellung lebenswichtiger Nährstoffe
- Die große Mehrheit der Vegetarier auf der Welt lebt nicht freiwillig fleischlos
- Kulturspezifische Fleischverbote basieren zumeist auf ökonomisch-ökologischen Zwängen.
- Die Höhe des Fleischkonsums ist direkt abhängig vom Wohlstand einer Gesellschaft – wer es sich «leisten» kann, isst viel davon.

Teil II
Vorurteile kontra Fakten

KAPITEL 4

Fördert Fleisch Zivilisationskrankheiten?

Für welche Gesundheitsprobleme wird Fleisch verantwortlich gemacht? Oder sollte man lieber umgekehrt fragen: für welche nicht? An erster Stelle stehen die Herz-Kreislauf-Erkrankungen sowie Krebs. Aber auch Gicht und rheumatische Erkrankungen sollen ja viel mit dem Fleischverzehr zu tun haben … Da stellt sich die Frage: Woher wissen das diese «Experten» so genau? Wo finden sich die wissenschaftlichen Belege dafür, und umgekehrt, wer hat bewiesen, dass «weniger Fleisch» diesen Krankheiten vorbeugt?

Tierische und pflanzliche Fette ähneln sich

Fett vom Tier gilt als ungesund, pflanzliches Fett hingegen als gesund. Das ist zwar plakativ, macht aber biologisch keinen Sinn. Denn tierische und pflanzliche Fette sind sich sehr ähnlich. Beide enthalten eine Mischung aus gesättigten, einfach und mehrfach ungesättigten Fettsäuren. Fleischfett ist überwiegend ungesättigt (siehe Kapitel 1). Kokos- und Palmfett enthalten übrigens weitaus am meisten gesättigte Fettsäuren.
Drei gesättigte Fettsäuren (Laurin-, Myristin- und Palmitinsäure), die in pflanzlichen wie in tierischen Fetten vorkommen, heben den Cholesterinspiegel, genauer gesagt das LDL- wie auch das HDL-Cholesterin, beide zu etwa gleichen Anteilen. So wird durch deren Konsum das Verhältnis von «bösem» zu «gutem» Cholesterin nicht nennenswert verändert.

Die Effekte dürften auch eine Erklärung dafür sein, dass man bei den bislang weltweit durchgeführten 21 Langzeit-Beobachtungsstudien mehrheitlich (bei 18 Studien) kein erhöhtes Herzinfarktrisiko durch gesättigte Fettsäuren feststellen konnte. Diese beruhigende Erkenntnis wird auch durch die Ergebnisse klinischer Studien bestätigt: Durch eine cholesterinsenkende Diät, das heißt durch Reduktion von gesättigten Fettsäuren bzw. deren teilweisen Ersatz durch ungesättigte, konnte die Herzinfarkt- und Gesamtsterblichkeit *nicht* gesenkt werden. Dies steht ganz im Gegensatz zur weit verbreiteten Meinung.

Fleisch senkt den Cholesterinspiegel

In 100 g magerem Muskelfleisch gibt es nur 2 bis 3 g Fett, und dieses besteht überwiegend aus ungesättigten Fettsäuren. So ist es auch kein Wunder, dass in kontrollierten Stoffwechselstudien bei erhöhtem Konsum von Muskelfleisch sogar eine leichte Senkung des Cholesterinspiegels nachweisbar ist.
Die Cholesterinzufuhr über Fleisch (etwa 60 mg pro 100 g) hat für die meisten Menschen keinen messbaren Einfluss. Denn dieser lebenswichtige Stoff wird mit einem genetisch angelegten Rückkoppelungsmechanismus gesteuert: Je weniger Cholesterin in der Kost, desto mehr produziert der Körper selbst und umgekehrt. Außerdem wird nur etwa die Hälfte des Nahrungscholesterins im Darm resorbiert. Wenn gesättigte Fettsäuren kein nachweisliches Herzinfarktrisiko sind, Fleischfett ohnehin überwiegend ungesättigt ist und der Verzehr mageren Fleisches zu einer Senkung des Cholesterinspiegels führt – wie plausibel ist demnach die Behauptung, vermehrter Fleischkonsum fördere das Risiko für Herzinfarkt?

Fleisch und Herzinfarkt

Nur in wenigen Langzeit-Beobachtungsstudien wurde die Frage des Fleischkonsums in Bezug auf das Herzinfarktrisiko untersucht. Dabei konnte man aber bei der Mehrheit dieser Untersuchungen einen solchen Einfluss nicht nachweisen ...
Beim Vergleich der Länder Europas findet sich übrigens im Durchschnitt eine bemerkenswerte statistische Beziehung: Je höher der Fleischverbrauch ist, desto niedriger fällt die Herzinfarktrate aus, und umgekehrt: Je geringer der Fleischverbrauch, desto höher liegt die Herzinfarktrate.
Weil es an direkten Belegen mangelt, berufen sich die Fleischkritiker gerne auf Vegetarierstudien. Doch die untersuchten Wohlstandsvegetarier unterscheiden sich durch viel mehr als nur durch ihren Fleischverzicht von Durchschnittsbürgern ... Dazu mehr in Kapitel 9.

Fleisch und Hirninfarkt

Bislang ist der Zusammenhang zwischen Fleischkonsum und Hirninfarkt kaum untersucht worden. Die Fleischphobiker «wissen» offensichtlich auch ohne entsprechende Studien Bescheid über das Risiko des Fleischkonsums ...
Zumindest in Japan finden sich konkrete Hinweise: In einer großen Langzeit-Beobachtungsstudie hatten die Teilnehmer mit dem höchsten Proteinkonsum die niedrigste Hirninfarktsterblichkeit – wobei deren hohe Eiweißzufuhr speziell über Fleisch und Milchprodukte zu Stande kam ...
Zum Thema sei noch erwähnt, dass einige Langzeit-Beobachtungsstudien übereinstimmend zum Ergebnis kamen, dass bei zunehmendem Konsum von gesättigten Fettsäuren das Hirninfarktrisiko abnimmt! Kein

derartiger «Schutzeffekt» war dagegen bisher für die mehrfach ungesättigten Fettsäuren zu beobachten …

Fleisch und Krebs

Der Einfluss von Fleischkonsum auf das Krebsrisiko ist nur in Bezug auf eine Krebsform hinreichend untersucht: Dickdarmkrebs. Und tatsächlich wurde bei drei Langzeit-Beobachtungsstudien aus den USA bei hohem Konsum von «rotem» Fleisch auch eine erhöhte Darmkrebsrate entdeckt! Das hat einige «Ernährungsexperten» auf den Plan gerufen, und nun warnen sie allerseits vor Fleisch wegen des Risikos für Darmkrebs.
Wer die Fachliteratur genau verfolgt, weiß aber, dass es bis jetzt noch 13 weitere Langzeit-Beobachtungsstudien gibt, in denen kein statistisch signifikanter Zusammenhang zwischen Fleischkonsum und Darmkrebs gefunden werden konnte – unter anderem alle europäischen Studien. Merkwürdigerweise übersehen die «Experten» und gewisse Fachgesellschaften die überwältigende Mehrheit der wissenschaftlichen Untersuchungen. Ob solche beruhigende Nachrichten ihnen unerwünscht sind?
Es ist möglich, dass ein gewisses Risiko nicht im Fleisch per se, sondern in den Begleitstoffen, die durch bestimmte Zubereitungstechniken entstehen, steckt. Beispielsweise können durch hohe und lang andauernde Erhitzung sowie durch scharfes Durchbraten und starkes Grillen in Fleisch, Geflügel und Fisch chemische Verbindungen entstehen, die als Krebs erregend gelten. Solche Garmethoden sind in den USA besonders beliebt. Aber bei schonenden Garmethoden wie Kochen, Dünsten, mildem Braten und schonendem Grillen und so weiter bilden sich diese Stoffe nicht oder nur in völlig unbedenklichen Konzentrationen (siehe Kapitel 11).

Fleischliebhaber und Gemüsekonsum

Häufig beobachtet man, dass Fleischliebhaber sich tagein, tagaus an riesigen Fleischportionen satt essen und die Gemüse- und Salatbeilagen schmählich beiseite schieben. Dies könnte ein entscheidender Fehler sein. Man kann davon ausgehen, dass Obst und Gemüse einen gewissen Krebsschutz im Magen-Darm-System ausüben. Umgekehrt bewirkt eine zu geringe Obst- und Gemüsezufuhr ein erhöhtes Darmkrebsrisiko. Wenn also Fleischliebhaber kein Grünzeug zu ihren dicken Steaks essen, mögen sie in der Tat ein erhöhtes Risiko tragen – aber nicht wegen des Fleisches, sondern wegen des Verzichts auf andere wichtige Nahrungsmittel. «Wer reichlich Obst und Gemüse isst, braucht sich auch bei Fleisch nicht zurückzuhalten.» Das ist die Schlussfolgerung, die Professor Michael Hill, der Vorsitzende der Europäischen Gesellschaft für Krebsprävention (London), aus den bislang bekannten Fakten zieht – und dieser kann man sich beruhigt anschließen.

Fleisch, Gicht und Rheuma

Gicht ist die Folge eines entarteten Purinstoffwechsels. Purine sind als Bestandteile der Zellkerne lebenswichtige Bausteine des menschlichen, tierischen und pflanzlichen Organismus. Sind mehr Purine im Körper vorhanden als notwendig, baut der gesunde Organismus diese zu Harnsäure ab. Die Harnsäure wird dann über die Nieren oder zu einem geringen Teil auch über den Darm ausgeschieden. Übrigens ist Harnsäure das mengenmäßig wichtigste Antioxidans im Körper. Sie kann schädigende Sauerstoffattacken an den Zellen abwehren. Harnsäure ist also per se nicht etwas «Böses». Nur das «Zuviel» an Harnsäure, die so genannte Hyperurikämie, macht Probleme …

Steigt der Harnsäurespiegel zu hoch an, können sich Harnsäurekristalle bilden, die sich in Organen, aber vor allem in Gelenken ablagern und so zu schmerzhaften Reizungen, Entzündungen und damit zum Gichtanfall führen können. Meistens sind die ersten Symptome an den Zehen- und Fingergelenken zu spüren. Bei der Gichterkrankung ist also das Gleichgewicht gestört: Es werden einerseits zu viele Purine zu Harnsäure abgebaut, und anderseits wird zu wenig Harnsäure ausgeschieden.
Die Ursachen sind vielfältig: Erstens beruht das Ganze auf einer entsprechenden genetischen Anlage. Dann findet man erhöhte Harnsäurespiegel auffällig häufig bei übergewichtigen Männern vor; das beruht vermutlich auf einer Verquickung von allzu üppiger Ernährung, Bewegungsmangel und regelmäßigem hohem Alkoholkonsum – alles drei Faktoren, die das Ungleichgewicht fördern. Zudem fällt auf, dass bei den Menschen mit Hyperurikämie häufig auch Zuckerstoffwechsel- und Fettstoffwechselstörungen sowie Bluthochdruck vorliegen. Es ist also durchaus denkbar, dass bei diesen Menschen Insulinresistenz bzw. das «Syndrom X» die zu Grunde liegende Störung ist (Kapitel 14 und 16).
Gichtpatienten können über eine Ernährungsumstellung ihr schmerzhaftes Leiden lindern. An erster Stelle stünde die Gewichtsabnahme. Aber wer nimmt schon auf Dauer ab? An zweiter Stelle steht die Reduktion der Purinaufnahme über die Nahrung – das heißt auf Purinreiches wie Innereien, Zunge, Ölsardinen, Sardellen, Sprotten, Heringe, Bücklinge sowie Miesmuscheln und Hummer sollten Betroffene möglichst ganz verzichten. Zudem ist ein eingeschränkter Verzehr von Fleisch, Fleischwaren, Fleischsuppen, Soßen und Hülsenfrüchten sowie Spargel, Spinat und frischen Erbsen ratsam. Aber: Maßvoller Konsum von Fleisch und Fleischwaren einmal am Tag 100 bis 150 g Fleisch oder Wurst ist in der

modernen Gichtdiät erlaubt. Auch durch Kochen von Fleisch können Purine herausgelöst werden. Solche Fleischgerichte sind deshalb vorzuziehen; von Fleischbrühe ist jedoch entsprechend eher abzuraten. Schließlich ist mit einer gezielten medikamentösen Therapie vorzugehen.
Krankheiten des rheumatischen Formenkreises zählen zu den Autoimmunkrankheiten. Dabei wird die Immunabwehr aus unbekannten Gründen fehlgesteuert, sodass sie körpereigenes, gesundes Gewebe angreift. Fleischverzehr löst bei Gesunden kein Rheuma aus. Aber an Rheuma Erkrankte können unter Umständen unter einer fleischarmen oder fleischfreien Kost eine Minderung der entzündlichen Reaktionen und damit eine Linderung der Schmerzen erreichen. Neue Studien sprechen dafür, dass ein Ungleichgewicht zwischen Omega-6- und Omega-3-Fettsäuren bei genetischer Veranlagung die Störung im Körper auslöst. Entsprechend wäre eine erhöhte Zufuhr von Omega-3-Fettsäuren (Fisch, [Wild-]Fleisch, Fischölkapseln, Rapsöl usw.) empfehlenswert.

Was daraus folgt

- Der Konsum von magerem Fleisch senkt die Blutfette.
- Fleischkonsum per se steht nicht mit einem erhöhten Risiko für Herz-Kreislauf-Erkrankungen, Krebs, Gicht und Rheuma in Zusammenhang.
- Fleischliebhaber sollten viel Obst und Gemüse zu sich nehmen.

KAPITEL 5

Zu viel tierisches Eiweiss?

Eine deutsche Frau kommt im Schnitt auf knapp 70 g Eiweiß, ein deutscher Mann auf etwa 90 g am Tag. Die US-Amerikaner mögen es etwas opulenter und verspeisen rund 100 g Eiweiß pro Tag. In den meisten industrialisierten Ländern sind ähnliche Werte zu finden. So werden bei uns etwa 13 bis 17 % der täglichen Kalorien als Eiweiß bzw. Protein konsumiert. In wohlhabenden Ländern liegt der Anteil von tierischem Protein etwas höher als jener von pflanzlichem.

Gewisse Vertreter der Ernährungswissenschaft bezeichnen seit langem den derzeit üblichen Eiweißkonsum als «Gesundheitsrisiko». Insbesondere vor dem tierischen Eiweiß ist nach ihrer Einschätzung zu warnen. So formuliert eine bekannte deutsche Fachgesellschaft seit vielen Jahren als eine Regel für vollwertige Ernährung: *weniger tierisches Eiweiß.*

Welchen gesundheitlichen Nachteil muss man denn befürchten, wenn wir «so viel» Eiweiß konsumieren? Vier Thesen stehen zur Diskussion: Erstens – viel Eiweiß wirke «toxisch», zweitens – viel Eiweiß schädige die Niere, drittens – viel Eiweiß führe zu Osteoporose, und schließlich – viel Eiweiß sei mit viel tierischem, «gesättigtem» Fett und Cholesterin verbunden und begünstige auf diese Weise Herz-Kreislauf-Erkrankungen.

Wie viel Eiweiß ist toxisch?

Eiweiß besteht aus Aminosäuren. Das sind biologisch hochaktive Substanzen. Sie enthalten unter anderem auch Stickstoff, der den Körper schädigen könnte,

würde er nicht als Harnstoff über Niere und Harn ausgeschieden. Die Leber muss für diesen Vorgang spezielle Enzyme zur Verfügung stellen. Nach theoretischen Berechnungen liegt die Obergrenze, mit der ein durchschnittlicher Mann von 80 kg all diese Vorgänge noch störungsfrei bewerkstelligen kann, bei etwa 250 g Eiweiß pro Tag. Allerdings ist bei gesunden Menschen eine toxische Wirkung von Eiweiß nie bewiesen worden. Das dürfte primär auf erkrankte bzw. vorgeschädigte Menschen zutreffen.

Wie viel Eiweiß schädigt die Niere?

Bislang gibt es keine Hinweise darauf, dass eine gesunde Niere durch einen hohen Eiweißkonsum geschädigt wird. Unter einer proteinreichen Kost wachsen die Nieren, offenbar um sich mit mehr Kapazität für die Mehrarbeit zu wappnen. Auf diese Weise kann tatsächlich die Nierenleistung um rund 10 % gesteigert werden.

Und umgekehrt gilt: Bei Menschen mit beginnendem Nierenversagen kann eine hohe Eiweißzufuhr zu einer raschen Verschlimmerung führen. Wenn intakte Niereneinheiten die Arbeit der nicht mehr funktionierenden übernehmen müssen, nimmt der Stress für sie zu und wird im Endeffekt zu deren schnellerem Versagen beitragen. Allerdings ist dieser Effekt nicht sehr ausgeprägt.

Patienten mit leicht eingeschränkter Nierenfunktion wird folglich inzwischen keine Eiweißeinschränkung mehr empfohlen. Nur bei fortgeschrittener Nierenerkrankung ist eine solche Reduktion von Vorteil. Bei ihnen erlaubt man heute eine Eiweißzufuhr von bis zu 0,8 g je Kilogramm Körpergewicht – was im Übrigen den gängigen Empfehlungen für Gesunde entspricht.

Entkalkt Eiweiß die Knochen?

Osteoporose ist eine Volkskrankheit und ernst zu nehmen. Und hier gibt es in der Tat mögliche Zusammenhänge mit Eiweiß zu bedenken: In verschiedenen Experimenten, aber nicht in allen, war bei hoher Zufuhr reinen Proteins ein vermehrter Abbau von Kalzium aus den Knochen beobachtet worden. Die Erklärung hierfür ist, dass viele eiweißreiche Lebensmittel Säure bildend wirken. Der Körper ist aber auf ein ausgewogenes Verhältnis von Säuren und Basen angewiesen. Jede größere Abweichung in die eine oder andere Richtung würde unsere Gesundheit schädigen und sogar lebensbedrohend wirken.

Der menschliche Organismus verfügt deshalb über verschiedene Reaktionsmöglichkeiten, um einen Basen- oder Säurenüberschuss sehr schnell und höchst effizient auszugleichen. Neben dem Abatmen der Säuren mit der Atemluft und der Ausscheidung von Säure über den Harn ist ein weiterer Mechanismus gegen die Übersäuerung das Puffern durch basische Verbindungen. Diese kann der Körper selbst herstellten. Allerdings benötigt er hierfür Calcium, das er aus seiner Reserve, den Knochen, holt. Auf Dauer wäre eine solche Knochenentkalkung höchst bedenklich. Deshalb ist es wichtig, bei reichlichem Eiweißgenuss gleich mit der Nahrung genügend Basenbildner mitzuliefern. Diese sind reichlich in Obst und Gemüse enthalten. Fleischmahlzeiten sollten deshalb grundsätzlich von einer großen Portion Salat oder Gemüse oder Obst begleitet sein. Unter diesen Bedingungen fördert nach neuesten wissenschaftlichen Studien eine hohe Eiweißzufuhr sogar die Knochengesundheit. Außerdem spricht vieles dafür, dass eine den Eiweißkonsum begleitende, genügend hohe Kalziumzufuhr alle Kalziumverluste ausgleichen kann. Zudem hängt der Kalziumhaushalt von vielen weiteren Faktoren ab: von der Höhe der gleichzeitigen Versorgung mit Phosphat, Magnesium und Vitamin D, von der Menge an Getreide und seinem Phytat, das die Mineralstoffresorption hemmt, und nicht zuletzt vom Ausmaß der Bewegung. Je mehr Bewegung, desto mehr Anreiz, die Knochenmasse aufzubauen!

Tierisches Eiweiß als Infarktrisiko?

Erhöhte LDL-Cholesterin- sowie Triglycerid-Werte, niedriges HDL-Cholesterin und Bluthochdruck zählen zu den bekanntesten Risikofaktoren für Herz- und Hirninfarkt.

Wenn man seine üblichen 12 bis 15% der Kalorien aus Eiweiß auf 22 bis 27% aufstockt, etwa mit magerem Fleisch und Geflügel, magerem Fisch und mageren Milchprodukten und dafür bei Kohlenhydraten entsprechend einspart – den Fettgehalt also beibehält –, verbessern sich alle Blutfettwerte! Das LDL-Cholesterin sowie die Triglyceride sinken, und gleichzeitig kommt es zu einem Anstieg des HDL-Cholesterins. Dadurch verbessert sich der Quotient von LDL- zu HDL-Cholesterin, ein besonders sensibler Indikator des Herzinfarktrisikos. Das gilt für Frauen wie für Männer, für Jung und Alt, für Menschen mit krankhaft erhöhten Blutfetten wie für ganz Gesunde.

Mageres Eiweiß aus Rindfleisch braucht selbst den Vergleich mit dem ach-so-«gesunden» Sojaeiweiß nicht zu scheuen. Im Eiweißgehalt entsprechen 150 g Rindfleisch etwa 290 g Tofu. Bei Experimenten zeigte sich, dass der tägliche Verzehr dieser Menge «Sojamasse» das LDL-Cholesterin und die Triglyceride etwas stärker senkte als die Rindfleischportion. Aber bei Tofu kam es auch zu einem Abfall des guten HDL-Cholesterins. Die Rindfleischkost hingegen ließ das HDL ansteigen. Im Endeffekt lag das Verhältnis von Gesamt- zu HDL-Cholesterin bei Rindfleisch günstiger als bei Tofu.

Mit diesen Stoffwechselstudien völlig übereinstimmend haben die weltweiten Langzeit-Beobachtungsstudien bislang auch noch kein Herz- oder Hirninfarktrisiko bei erhöhter Eiweißzufuhr aufzeigen können. Die neueste und am genauesten ausgewertete Langzeitstudie, die *Nurses' Health Study* von der Harvard-Universität in Boston (USA), hat sogar das Resultat erbracht, dass eine hohe Zufuhr von Eiweiß – pflanzliches wie auch tierisches – das Herzinfarktrisiko signifikant senkt! Wer im Mittel 24% der Kalorien als Eiweiß konsumierte, hatte im Vergleich zu jenen mit «nur» 15% Eiweiß eine um 26% gesenkte Herzinfarktrate! Vor allem das tierische Eiweiß ging mit der niedrigeren Herzinfarktsterblichkeit einher, wobei Rindfleisch mit rund 20% den größten Anteil einnahm.

Langzeit-Beobachtungsstudien weisen schließlich darauf hin, dass eine hohe Eiweißzufuhr mit gesenktem Blutdruck einhergeht.

So bleibt die Frage, worauf sich die so weit verbreitete Annahme, wir würden «zu viel» Eiweiß essen, eigentlich stützt. Das Gegenteil ist offensichtlich der Fall.

Was daraus folgt

- Fleisch- und Geflügel liefern sehr hochwertiges Protein, das heißt essenzielle Aminosäuren in günstiger Menge und Relation zueinander.
- Eine Erhöhung der Eiweißzufuhr – auch der tierischen – im Austausch gegen Kohlenhydrate wirkt sich vorteilhaft auf den Fettstoffwechsel aus.
- Hohe Eiweißzufuhr senkt das Risiko für Herz-Kreislauf-Erkrankungen.

KAPITEL 6

Macht Fleisch dick?

Übergewicht ist ein Risikofaktor für Herz-Kreislauf-Erkrankungen und Krebs. In den letzten Jahrzehnten ist der Fleischkonsum in vielen Industriestaaten gestiegen. Ebenso hat die Verbreitung von Übergewicht erschreckend zugenommen. Da liegt der Schluss nahe: «Der hohe Fleischkonsum ist für das erschreckende Ausmaß an Übergewicht in den Industriestaaten verantwortlich.» Diese oder ähnliche Aussagen hört man immer wieder. Eine wahrlich erfolgreiche Theorie – einfach und plausibel.

Doch wer sind die Schlanksten in Europa? Innerhalb der EU sind es die Dänen, die Schweden und die Franzosen. Ausgerechnet die Franzosen und die Dänen stehen aber mit jeweils 110 bzw. 107 kg Fleischverbrauch pro Kopf und Jahr ganz an der «Fleischspitze». Ob die Schweden wohl wegen ihrer bescheidenen 72 kg Fleischverbrauch so schlank sind, mag dahingestellt bleiben. Die Deutschen stellen mit ihren 94 kg Fleischverbrauch sowohl bei Fleisch wie auch beim Körpergewicht Mittelmaß dar. Übrigens gehören in Europa die Russen, Tschechen und Polen zu den dicksten Menschen. Sie hingegen träumen nur von solch einem hohen Fleischkonsum, wie ihn die EU-Länder im Schnitt ausweisen …

Aber sind nicht Vegetarier durchweg deutlich schlanker als Fleischesser? Das ist wohl richtig – aber Vegetarier unterscheiden sich auch noch in weiteren Lebensaspekten von der dicken Masse (siehe Kapitel 9).

Wie fett ist Fleisch?

Fleisch sei eine enorme Fett- und Kalorienbombe, wird immer wieder behauptet. Richtig oder falsch? Ganz einfach: der Fettgehalt ist schon per Augenschein zu beurteilen. Fleisch hat eine Farbmarkierung – rot-weiß. So kann man den Fettanteil direkt abschätzen. Verstecktes Fett gibt es nicht im Fleisch bzw. nur in Spuren in den Muskelzellen. So liefern magere Teilstücke, etwa ein von allen Fettabschnitten befreites Schweineschnitzel oder ein Filet, das keine oder eine kaum erkennbare Fettmarmorierung besitzt, pro 100 g nur etwa 2 g Fett. Damit gehört reines Muskelfleisch mit seinen rund 110 kcal pro 100 g zu den sehr kalorienarmen Lebensmitteln. Im Vergleich dazu schlagen beispielsweise 100 g Weißbrot mit 232 kcal, Roggenkornbrot mit 201 kcal, 100 g Haferflocken mit 366 kcal oder ein Sportlermüesliriegel mit 480 kcal zu Buche.

Eiweiß sättigt

Reines Muskelfleisch hat einen hohen Eiweißanteil. Eiweiß löst von allen Nährstoffen die schnellste Sättigung aus und bewirkt die am längsten anhaltende Sattheit. Darüber hinaus werden bis zu 30 % des Kaloriengehalts von Eiweiß für die eigene «Verstoffwechslung» verbraucht. Das führt dazu, dass bei eiweißreicher Reduktionsdiät der Grundumsatz während des Hungerns nicht so weit abfällt. Eine eiweißreiche Kost hilft also beim Abnehmen, aber vor allem kann sie entscheidend dazu beitragen, weiteres Zunehmen zu verhindern.

«Nur Fett macht fett» heißt ein erfolgreicher Slogan der Diätindustrie und ihrer Protagonisten: einfach, plausibel – aber leider falsch.

Es gibt Menschen, die ihr Leben lang fettreich essen, aber ausgesprochen schlank bleiben. Und es gibt auch solche, die immer strengstens auf Fettarmut achten und kugelrund sind. Wer mehr Kalorien zuführt, als er verbraucht, wird eben auch von Kohlenhydraten dick! Aber natürlich finden sich auch Dicke, die zeitlebens viel Fett gegessen haben …

Fettkonsum und Übergewicht

Tatsächlich ergibt sich aus den meisten wissenschaftlichen Langzeit-Beobachtungsstudien kein klarer Zusammenhang zwischen Fettzufuhr und Übergewicht. Und die kontrollierten Diätstudien mit fettarmer Kost haben bisher keinen oder einen völlig unerheblichen Abnahmeerfolg erzielt.
Auch im internationalen Vergleich ist kein Zusammenhang zwischen Fettzufuhr und dem Ausmaß an Übergewicht in einem Volk zu beobachten. Die besonders schlanken Dänen und Franzosen beispielsweise konsumieren viel Fett, während die so stark zur Korpulenz neigenden Russen, Polen und Tschechen im Mittel wesentlich weniger Fett zu sich nehmen.
Der Zusammenhang zwischen Fettzufuhr und Übergewicht – sofern er überhaupt existiert – müsste streng genommen als völlig unbedeutend im Vergleich zu anderen Faktoren gelten. Wäre da nicht die Diätindustrie. Das konsequent genutzte Marketingargument «Nur Fett macht fett» fördert nun einmal den Verkauf fettreduzierter Light-Produkte. Dass deren Verwendung aber nachweislich nicht hilft, ein erhöhtes Körpergewicht dauerhaft zu reduzieren, ist eine ganz andere Frage …
Noch einmal zu den Hauptverdächtigen: Fleisch und Wurst. Interessanterweise liefern sie zusammengenommen nach offiziellen Angaben in Deutschland nur einen Anteil von ungefähr 20 % an der gesamten Fettzufuhr.

Lebensqualität macht dick

Weltweit verlassen die Menschen in Scharen die ländlichen Gebiete und ziehen in die Städte. Damit geht eine Änderung der beruflichen Tätigkeit einher, weg von der körperlich betonten, landwirtschaftlich orientierten Arbeit hin zur Dienstleistung, bei der Kapital und Wissen als treibende Kräfte im Zentrum stehen. Körperliche Arbeit wird zunehmend wegrationalisiert und durch neue Technologien ersetzt. Wir verbrauchen immer weniger Kalorien, denn Maschinen, Rolltreppen, Roboter, Computer und so weiter haben uns einen Großteil der körperlichen Anstrengungen abgenommen. Die größer gewordenen Entfernungen zwischen Wohn- und Arbeitsstätte sind nicht zu Fuß und oftmals auch nicht mehr mit dem Fahrrad zu bewerkstelligen. Dafür werden immer luxuriösere Gefährte ersonnen. Den gleichen fortschrittlichen Trend hin zur Automatisierung findet man auch in den Privathaushalten, mit einem erhöhten Freizeitangebot, das überwiegend mit passiven Tätigkeiten ausgefüllt wird.

Fernsehen macht dick

Die wichtigste Ursache für die herrschende Bewegungsarmut in der Freizeit ist Fernsehen. Zwischen TV-Konsum und Übergewicht lässt sich eine direkte Beziehung von Dosis und Wirkung nachweisen – speziell bei Kindern. Neben der genetischen Veranlagung ist bei ihnen der zum Teil exzessive Konsum von Fernsehprogrammen Hauptursache für Übergewicht. Letzteres kommt etwa fünfmal so häufig bei Kindern vor, die am Tag mehr als fünf Stunden fernsehen als bei solchen, die keine oder nur wenig Zeit im Pantoffelkino verbringen. Das Risiko, von einem schlanken zu einem übergewichtigen Kind zu werden, ist bei einer täglichen

TV-Dosis von mehr als fünf Stunden achtmal so hoch wie bei weitgehendem Verzicht auf Fernsehen.

Stress macht dick

Mit zunehmendem Lebensalter wird das Essverhalten durch Außensignale wie Erziehung, religiöse Normen, Meinungen, Vorurteile und gesellschaftliche Erwartung, weniger dagegen durch Hunger und Appetit, geprägt. Darüber hinaus wirken mit der heutigen isolierten Lebensweise mehr psychische und soziale Einflüsse auf das Essverhalten ein. Stress am Arbeitsplatz und zu Hause, Anspannung, Angst, Kummer und Sorgen, Liebesentzug oder Einsamkeit usw. führen häufig dazu, aus vielerlei Gründen, die nichts mit Hunger zu tun haben, Nahrung zu sich zu nehmen: Das unbewusste Essen ohne Hunger wirkt als «Erste Hilfe». In solchen Situationen kann es befriedigen, beruhigen und ein Wohlgefühl auslösen. So können negative Gefühle mit Essen bekämpft werden. Psychosozialer Stress, vor allem in der modernen Arbeitswelt, ist inzwischen gerade bei Frauen als Risikofaktor für die Entstehung von Übergewicht wissenschaftlich anerkannt.

Wohlstand macht dick

Wenn in einem Volk der Wohlstand zunimmt, steigt sofort auch der Konsum tierischer Nahrungsmittel. Lässt die wirtschaftliche Lange es nicht zu, wird wenig Fleisch produziert bzw. verzehrt. Dahinter steckt ein einfaches Prinzip: Etwa sieben Einheiten Nahrungsenergie müssen als Futtermittel für das Tier eingesetzt werden, um anschließend eine Einheit Energie aus dem tierischen Produkt zu gewinnen. Das gleiche Verhältnis ergibt sich bei der Erzeugung von tierischem Nahrungsprotein.

Es ist also teurer, Fleisch und andere tierische Nahrungsmittel zu produzieren als Pflanzen, da man einen erheblichen «Veredelungsverlust» in Kauf nehmen muss. Wenn ich also selbst schon knapp vor dem Verhungern bin, esse ich meine Karotten oder Kartoffeln lieber selbst …

In den meisten industrialisierten Ländern war in den letzten 50 Jahren ein Anstieg des Wohlstands zu beobachten. Parallel zu dieser lang herbeigesehnten Entwicklung ging weltweit auch eine Veränderung der Ernährungsgewohnheiten einher: eine abwechslungsreichere Kost mit höheren Anteilen an Obst und Gemüse, Fleisch, Fisch, Milchprodukten und Eiern. Die Freude an dieser wohlschmeckenden, leicht verfügbaren und zudem immer kostengünstiger werdenden Nahrung förderte eine hohe Kalorienaufnahme. Da gleichzeitig der Energiebedarf durch eine Verringerung der körperlichen Aktivität sank, musste es bei vielen Menschen zu Übergewicht kommen.

Was daraus folgt

- Die Höhe des Fleischkonsums ist ein Indikator für den Wohlstand einer Gesellschaft.
- Mit steigendem Wohlstand reduziert sich der durchschnittliche Kalorienverbrauch bei Arbeit und Freizeit und erhöht sich das Angebot an kaloriendichten, wohlschmeckenden Nahrungsmitteln.
- Nicht Fleisch an sich macht dick, sondern die Wohlstandsgesellschaft.

KAPITEL 7

Besser «weisses» als «rotes» Fleisch?

In der Ernährungsberatung hat «weißes Fleisch» wie Geflügel oder Kaninchen ein wesentlich besseres Gesundheitsimage als «rotes». Manche zählen auch Fisch zum «weißen Fleisch», was in diesem Buch aber strikt getrennt wird. Warum genau «weißes» Fleisch gesünder sein soll, weiß aber keiner so recht…

Nährstoffdichte im Vergleich

Die Nährstoffdichte, das Verhältnis von Nährstoff- zum Kaloriengehalt gilt als ein wichtiges Qualitätskriterium für Nahrungsmittel. Eine hohe Nährstoffdichte, das heißt viele Nährstoffe bei möglichst wenig Kalorien, ist in der heutigen bewegungsarmen Zeit anzustreben. Vergleicht man also eine magere Portion Puten- oder Hühnerfleisch mit einer mageren Portion Schweine- oder Rindfleisch in Bezug auf die Nährstoffdichte, finden sich klare Unterschiede: Das «rote» Fleisch hat bei den meisten fleischrelevanten Mikronährstoffen, das heißt Eisen, Zink und die diversen B-Vitamine, die höhere Nährstoffdichte!

Fettgehalt im Vergleich

Reines «weißes» Muskelfleisch vom Kaninchen oder Geflügel (ohne Haut!) ist durchschnittlich mit etwa 1 g Fett pro 100 g Portion noch etwas magerer als Schwei-

ne- oder Kalbfleisch mit ihren 2 bzw. 3 g. Dafür ist es auch trockener und hat weniger Aroma. Prinzipiell gilt aber auch: Weniger Fett bedeutet weniger hochungesättigte, essenzielle Fettsäuren.
Wie viele ungesättigte Fettsäuren tatsächlich im Fleisch enthalten sind, hängt vom Stoffwechsel und von der Fütterung der Tiere ab. Wiederkäuer haben weniger mehrfach- und hochungesättigte Fettsäuren im Fleisch als andere Tiere. Das liegt an den Bakterien im Pansen, welche die ungesättigten zum Teil zu gesättigten Fettsäuren umbauen. Wenn man Rinder in Weidehaltung «artgerecht» aufzieht, hat ihr Fett höhere Gehalte an ungesättigten Fettsäuren als bei Intensivhaltung. Vor allem enthält ihr Fett mehr von den wichtigen Omega-3-Fettsäuren. Dass das marktübliche «weiße» Fleisch etwas mehr ungesättigte und weniger gesättigte Fettsäuren enthält als «rotes» Fleisch, ist also stark fütterungsbedingt.

Cholesterinwirkung und Krankheitsrisiko im Vergleich

Menschen mit hohem Cholesterinspiegel wird häufig die Empfehlung gegeben, anstelle von «rotem Fleisch» lieber «weißes» zu konsumieren. Was bringt diese Maßnahme cholesterinmäßig? Eine Reihe kontrollierter Stoffwechselstudien am Menschen belegt, dass es keinen Unterschied macht: Ob Geflügel, Rind, Kalb oder Schwein, alle senken den LDL- und heben den HDL-Cholesterinspiegel in vergleichbarer Weise, wenn man die Zufuhr dieser eiweißreichen Produkte im Austausch gegen Kohlenhydrate anhebt.
In einigen epidemiologischen Untersuchungen wurde der Einfluss von «weißem» oder «rotem» Fleisch auf die Entwicklung von Herz-Kreislauf-Krankheiten und Krebs überprüft. Manche kamen zu dem Ergebnis, dass

bei «weißem» Fleisch eher ein geringeres und bei «rotem» eher ein erhöhtes Risiko für diese Krankheiten zu finden sei. In anderen Studien wiederum fand man weder ein Risiko noch den Hauch eines Unterschiedes. Die Ergebnisse sind also sehr uneinheitlich, sodass man keine eindeutige Aussage treffen kann.
Abgesehen davon darf man – vor allem bei US-amerikanischen Studien – davon ausgehen, dass Menschen, die Geflügel und Fisch bewusst auswählen und sich bei «rotem» Fleisch zurückhalten, mit großer Wahrscheinlichkeit zu den besonders «Gesundheitsbewussten» gehören, und durch ihren sonstigen Lebensstil wahrscheinlich auch noch vieles anders machen als die typischen Liebhaber von dicken, saftigen Steaks …

Was daraus folgt

- Reines «rotes» Fleisch hat eine höhere Nährstoffdichte als «weißes».
- Reines «weißes» Fleisch ist noch geringfügig fettärmer als reines «rotes».
- Das Fett vom «weißen» Fleisch enthält etwas mehr ungesättigte und etwas weniger gesättigte Fettsäuren.
- Zwischen magerem weißem und rotem Fleisch gibt es keine Unterschiede hinsichtlich der Wirkung auf die Cholesterinwerte.
- Es gibt keinen Beleg dafür, dass «weißes» Fleisch gesünder ist als rotes.

KAPITEL 8

Steckt das «Böse» im Schwein?

Viele Menschen in deutschsprachigen Ländern sind davon überzeugt, dass speziell Schweinefleisch krank mache. Ein gewisser Dr. Reckeweg hat sich ganz besondere Verdienste um diese grandiose Story erworben. Nach seiner Meinung ist Schweinefleisch von schmieriger und schleimiger Konsistenz; sein Verzehr würde daher auch den menschlichen Organismus aufweichen, verschleimen, verschmieren und mit Schlacken belasten. Außerdem enthalte Schweinefleisch so genannte «Sutoxine», spezifische Giftstoffe im Schweinefleisch, die das Immunsystem des Menschen so schwächten, dass in der Folge Rheuma, Allergien, Nierenleiden, Gicht, Herzinfarkt, Krebs und weitere schreckliche Erkrankungen auftreten würden.

Darüber hinaus habe der Verzehr von Schweinefleisch auch einen direkten Einfluss auf unsere Körperform: Von runden Würsten bekäme man beispielsweise einen walzenförmigen Oberkörper, von Schinken einen dicken Hintern … Was würden demnach wohl Ländjäger (flachgepresste Rohwürste) oder viereckig geformte Sülzen bewirken? Eine bohnenstangenförmige Figur? Einen Quadratschädel?

Der gute Herr Reckeweg hatte auch ein Herz für Sportler. So empfahl er Fußballern, am Vortag eines Spiels auf gar keinen Fall Schinken oder andere Leckerbissen vom Schwein zu verspeisen. Andernfalls würden die Sünder auf dem Platz in ihrer Leistung einbrechen, und alle Gewinnchancen wären dahin.

Erschreckend an solchen Schweinethesen ist, dass sie in deutschen Landen immer wieder neu aufgegriffen und ganz unkritisch weiterverbreitet werden, selbst von gestandenen Medizinern. Wie oft habe ich persönlich schon von Ärzten wie von Patienten gehört, Schweinefleisch stände bei ihnen ganz oben auf der Verbotsliste …

Keine Schlacken

Einige Forscher haben sich in der Vergangenheit seriös mit den Reckweg'schen Thesen auseinandergesetzt. Doch selbst mit allermodernsten Elektronenmikroskopen und empfindlichsten Analysemethoden waren die beschworenen «Sutoxine» und «Schlacken» nicht aufspürbar – das schleimige Krankheitsbild übrigens auch nicht.

Es gibt in Deutschland aber auch noch ein paar weitere Schweinedichter, die ihre Sottisen unter das Volk bringen und schon so manchen gutgläubigen Verbraucher in Angst und Schrecken versetzt haben. Das Ganze hat übrigens nichts mit dem Schweinefleischtabu bei Juden und Muslimen zu tun, für das es plausible kulturhistorische Erklärungen gibt (siehe Kapitel 3).

Bemerkenswert ist, dass sich diese unsäglichen Schweinethesen vor allem im deutschsprachigen Raum halten. Anderswo hat man trotz noch höherem Konsum von Schweinefleisch noch nie etwas von dieser «Problematik» gehört. Dänen und Spanier halten in Europa die absolute Spitze beim Einverleiben von Schwein. Fragen Sie also einmal einen spanischen Torero, ob er bei seiner Vorliebe für den gar köstlichen Serrano-Schinken nicht einen dicken Hintern befürchte. Oder erkundigen Sie sich bei einem essfreudigen Chinesen, ob ihn sein geliebtes «Chow Wow» nicht schon aufgeweicht und verschleimt habe …

Schweinefleisch ist fettarm

Was das ewige Vorurteil betrifft, Schweinefleisch sei besonders fettreich und daher ungesund, so kann dazu festgestellt werden, dass sich der Fettgehalt von Fleisch in den letzten Jahrzehnten drastisch verringert hat und dass reines Schweinefleisch mit rund 2% Fett sogar zu den fett- und kalorienärmsten Nahrungsmitteln gehört. Und das wenige Fett im Fleisch oder auch das Schweineschmalz besteht überwiegend – das heißt zu rund 60% – aus ungesättigten Fettsäuren.

Was daraus folgt

- Mit dem Verzehr von Schweinefleisch sind keine spezifischen Gesundheitsrisiken verbunden.
- Schweinefleisch besitzt grundsätzlich ganz ähnliche Vorzüge wie alle übrigen Fleischsorten.
- Muskelfleisch vom Schwein gehört zu den fett- und kalorienarmen Nahrungsmitteln.

KAPITEL 9

Ist vegetarisch gesünder?

Vorbei sind die Zeiten, da man als Vegetarier ein Außenseiter war, ja als heilloser «Spinner» belächelt und der freudlosen Askese verdächtigt wurde. «Impotent, frigide und ohne Humor» lautete häufig die frühere Einschätzung. Der leise Hauch von Jute und Sandalen, Blutarmut, Kraft- und Saftlosigkeit, welche die Betrachter dieser einst seltenen Exemplare unversehens traf, wird heute eher von einem aufkeimend schlechten Gewissen verdrängt, nicht auch schon soweit zu sein, auf Fleisch gänzlich verzichten zu wollen oder zu können. Die vegetarische Minderheit ist sehr selbstbewusst, sehr laut und medienaktiv geworden, Der Zeitgeist bläst der schweigenden Mehrheit der Fleischliebhaber arg ins Gesicht. Wer es heute wagt, in «gesundheitsbewusster», vegetaphiler Runde eine ganze gegrillte Schweinshaxe zu bestellen, kann leicht zu spüren bekommen, wie sich früher die Diskriminierung von Vegetariern angefühlt haben mag …

Gesunder Lebensstil

Ein verbreiteter Witz aus früheren Zeiten suggerierte, Vegetarier würden nicht älter, sondern sähen nur älter aus. Mit dieser Häme ist es jetzt aber vorbei. Denn inzwischen ist wissenschaftlich nachgewiesen, dass Vegetarier seltener an Bluthochdruck oder erhöhten Blutfett- oder Blutzuckerwerten leiden. Und sie haben in der Tat eine niedrigere Sterblichkeit, das heißt, sie werden wohl tatsächlich im Mittel etwas älter als die Durchschnittsbürger.

Sind Vegetarier also tatsächlich gesünder? Die Antwort lautet ja, wenn man sie mit Durchschnittsbürgern vergleicht, die heute überwiegend den dicken, bewegungsfaulen, rauchenden sowie saufenden Zeitgenossen angehören.
Es ist aber beileibe nicht nur der Fleischverzicht, der Vegetarier von diesem Volk unterscheidet, sondern ihr ganzer sonstiger Lebensstil: Vegetarier aus den westlichen Gesellschaften haben im Schnitt ein allgemein geschärftes Gesundheitsbewusstsein, kommen aus einer überdurchschnittlich hohen Bildungs- und Sozialschicht, rauchen nicht, trinken nur wenig Alkohol, leiden nicht unter Übergewicht, bewegen sich viel bei Arbeit, Sport und Spiel – sind also «fitter» und betreiben zur Stressbekämpfung häufig Entspannungstechniken wie Yoga, Autogenes Training oder Meditation. Außerdem essen sie mehr Obst und Gemüse, mehr Vollkornprodukte, mehr Ballaststoffe und mehr Nüsse. Dieser Lebens- und Ernährungsstil kann zweifelsohne als «gesundheitsförderlich» betrachtet werden.

Kein Gesundheitsvorteil

Wegen der zahlreichen Unterschiede im Lebensstil lassen Studien an Vegetariern prinzipiell keine gesicherten Aussagen zum gesundheitlichen Effekt des Fleischverzichts zu. Um diese Frage etwas gezielter zu klären, muss man Vegetarier mit ebenso gesundheitsbewussten Fleischessern vergleichen.
Genau das hat man in fünf großen Langzeitstudien in Deutschland, England und den USA versucht. Allerdings gelang der Plan nicht ganz, denn man tat sich sehr schwer, wirklich vergleichbare «gesundheitsbewusste» fleischverzehrende Probanden zu finden. So waren im Endeffekt bei den Vegetariern doch wieder die Nichtraucher, Sportler und Schlanken überrepräsentiert.

Dennoch fand man keine Unterschiede hinsichtlich der Gesamtsterblichkeit und auch nicht hinsichtlich der Hirninfarkt- und Krebssterblichkeit zwischen Vegetariern und gesundheitsbewussten Fleischessern! Allein beim Herzinfarkt lagen die Vegetarier um 24% niedriger. Wie erklärt sich das?
Zu den wichtigsten Risikofaktoren für Herzinfarkt zählen Rauchen, Bewegungsmangel und Übergewicht. Bei den Vegetariern waren, wie schon erwähnt, weit mehr schlanke Nichtraucher und Sportler dabei. Und es ist davon auszugehen, dass Vegetarier auch mehr Obst und Gemüse, mehr Vollkornprodukte und mehr Nüsse verzehrt hatten – was aber in den Auswertungen der Studien nicht berücksichtigt wurde. Jeder dieser Faktoren kann für sich alleine schon die gesenkte Herzinfarktsterblichkeit erklären, umso mehr also deren Kombination.
Wenn man bei diesen Untersuchungen zwischen Vegetariern trennte, die fünf Jahre lang fleischlos gelebt hatten, und solchen, die das schon länger praktizierten, fand sich ein überraschendes Ergebnis: Erstere hatten im Vergleich zu Fleischessern sogar eine erhöhte Herzinfarkt- und Gesamtsterblichkeit!
Übrigens waren auch 750 Veganer an den Studien beteiligt, also Vegetarier, die überhaupt nichts vom Tier zu sich nehmen, auch keine Milch und keine Eier. Damit vermeiden sie alle tierischen Fette und tierisches Cholesterin. Doch ihre Sterblichkeitsrate war identisch mit der von Fleisch essenden Zeitgenossen …
Die Studienleiter kamen selbst zur Schlussfolgerung: «Vegetarische Kostformen unterscheiden sich in vielerlei Hinsicht von nichtvegetarischen. Die vegetarische Ernährung selbst ist bei den unterschiedlichen Vegetariergruppen ganz unterschiedlich zusammengesetzt. Aus diesem Grund erscheint es unmöglich, zu eruieren, welchem Aspekt der Ernährung der Herz schützende Effekt zuzuschreiben ist.»

Vegetarische Risiken

Vegetarische Ernährung birgt auch zahlreiche Gesundheitsrisiken in sich. So weisen Vegetarier und vor allem Veganer im Vergleich zu Fleischessern eine erhöhte Gerinnungsneigung des Blutes auf. Das erklärt sich mit einer fehlenden Zufuhr an den hochungesättigten Omega-3-Fettsäuren, die nur in tierischen Produkten, vor allem in Fisch und Fleisch (Wild), vorkommen.
Zudem findet man bei Vegetariern häufig einen deutlich erhöhten Gehalt an einem Eiweißkörper namens «Homozystein» im Blut, was die Blutgefäße stark beschädigen kann und das Resultat eines gestörten Eiweißstoffwechsels ist. Dieser Defekt erklärt sich primär mit der viel zu geringen bzw. fehlenden Versorgung mit Vitamin B_{12}.
Besonders betroffen von einer Mangelversorgung sind die Nachkommen von Vegetarierinnen: Diese haben häufig ein geringeres Körpergewicht, einen kleineren Kopfumfang und eine geringere Körperlänge als die Neugeborenen von Mischköstlerinnen. Mit solchen Entwicklungsstörungen erhöht sich das Risiko, im späteren Leben Übergewicht, Bluthochdruck, Zucker- und Fettstoffwechselstörungen bzw. das Syndrom X zu entwickeln und in der Folge häufiger an Diabetes und Herzinfarkt zu sterben.
Abgesehen davon weisen Frühgeborene von Vegetarierinnen gehäuft eine gestörte Hirnentwicklung und eine eingeschränkte Sehkraft auf. In einer Untersuchung konnte kürzlich belegt werden, dass die häufig zu beobachtende ungenügende körperliche Entwicklung von Kindern in den ländlichen Gebieten von Ägypten, Kenia und Mexiko nicht etwa mit zu geringer Eiweißversorgung zu tun hat, sondern mit einer ungenügenden Zufuhr von Eisen, Zink, Kalzium und Vitamin B_{12}. Das sind Nährstoffe, die mit Fleisch bzw. Milchprodukten am besten zugeführt werden.

Strenge Vegetarier mit einem ganz geringen Konsum tierischer Produkte und vor allem Veganer weisen typischerweise einen Mangel an Vitamin B_{12} auf. Neugeborene von vegetarisch lebenden Müttern mit B_{12}-Mangel tragen ein entsprechend hohes Risiko, ebenfalls einen solchen Mangel zu erleiden. Kinder mit B_{12}-Mangel entwickeln schwere neurologische Störungen und bleiben in der geistigen und körperlichen Entwicklung zurück. Wenn man Kinder bis zum sechsten Lebensjahr als Veganer, das heißt mit unzureichender oder fehlender B_{12}-Zufuhr ernährt, tragen sie ein erhöhtes Risiko, später dann als Jugendliche intelligenzmäßig im Vergleich zu Gemischtköstlern zurückzubleiben.

Was daraus folgt

- Der Lebensstil der Vegetarier ist der Gesundheit zuträglich.
- Ein Fleischverzicht erbringt per se keine Gesundheitsvorteile.
- Vegetarische Ernährung bringt jedoch viele bislang unbeachtete Gesundheitsrisiken mit sich.

KAPITEL 10

Weniger Fleisch – weniger Hungersnot?

Viele Umweltaktivisten predigen Fleischverzicht. Dabei geht es ihnen einerseits um den verschwenderischen und zum Teil gesundheitlich bedenklichen Einsatz von Produktionsmitteln. Aber als Hauptargument wird der «Veredelungsverlust» angeführt: Zur Produktion von tierischen Nahrungsmitteln muss man etwa sieben Einheiten von Nahrungsenergie als Futtermittel einsetzen, um eine Einheit Energie aus dem tierischen Produkt zu gewinnen.

Als besonders emotionsgeladenes Argument wird die «Ausbeutung» von Entwicklungsländern angeführt, wo man in hohem Maße Futtermittel anbaut, um sie in den Westen zu exportieren, statt Nahrungsmittel für den Eigenbedarf zu produzieren. Entsprechend wird propagiert, man könne den Welthunger deutlich eindämmen, wenn man eine Senkung des Fleischkonsums in den Industriestaaten erziele.

Verfälschende Angaben

Es trifft nicht zu, dass die Fleischproduktion in der EU und in den meisten anderen Industrieländern nur durch Futtermittelimporte aus der «Dritten Welt» aufrechterhalten werden kann. Tatsächlich machen sie nur einen Bruchteil der Importe aus. Der Großteil der Soja- und Maisprodukte wird aus Ländern mit Agrarüberschüssen, wie den USA, Brasilien und Argentinien importiert, während Tapioka hauptsächlich aus Thailand stammt.

Naive Ideologie

Die «gut» gedachten ökologischen Argumentationen stehen im Gegensatz zu den Einschätzungen diverser unabhängiger Expertenkomitees.
Das Institut für Internationale Ökonomie in Stockholm fasst seine Analysen wie folgt zusammen: «Eine Verminderung des Nahrungsmittelverbrauches in den reichen Ländern kann allenfalls kurzfristig, aber kaum langfristig eine Entschärfung des Hungerproblems bewirken. Denn eine Verminderung der Futtergetreide-Nachfrage in den Industrieländern würde zu einem Rückgang der Weltmarktpreise und damit des Getreideangebots führen, sodass langfristig nicht wesentlich mehr Getreide für die Welternährung zur Verfügung stünde als vorher.»
Das Institut für angewandte Systemanalyse in Wien schließt aus seinen Berechnungen: Würden die OECD-Länder ihren Fleischkonsum um die Hälfte reduzieren, verbesserte sich die Kalorienversorgung der Entwicklungsländer kurzfristig um 1,4% und langfristig um 0,4%. Dadurch ginge die Zahl der Hungernden in der Welt kurzfristig um 7%, langfristig um 1,2% zurück.

Mehr Welthunger ohne Fleischproduktion

Auch das International Food Policy Research Institute in Washington D.C. (USA) und das International Water Management Institute in Colombo (Sri Lanka) kommen mit umfassenden Modellrechnungen zu dem Schluss: Fleischverzicht bewirkte keine effektive Verbesserung der Ernährungssituation in Hungerregionen.
Kürzlich haben das renommierte Worldwatch Institute in Washington D.C. (USA) und die Deutsche Stiftung Weltbevölkerung zu den «fleischarmen» Thesen Stellung bezogen: «Ein Blick in die Geschichte zeigt, dass die Zunahme der Fleischerzeugung hauptsächlich auf

der Zucht von Weidetieren wie Rindern und Schafen beruht. Das Weideland ist meist zu trocken für den Getreideanbau und bedeckt riesige Flächen, etwa doppelt so viel, wie als Ackerland genutzt werden. Die Rinder-, Schaf- und Ziegenherden liefern nicht nur Fleisch und Milch, sondern Millionen Menschen in Afrika, dem Mittleren Osten, Zentralasien, Westchina und Teilen Indiens bestreiten dadurch ihren Lebensunterhalt. Der einzige Weg, wie diese Flächen zur weltweiten Nahrungsmittelproduktion beitragen können, ist die ausschließliche Nutzung als Weideland. Die Rinder, Schafe und Ziegen liefern mit ihrem Fleisch und der Milch einen wertvollen Beitrag zur Ernährung eines Großteils der Weltbevölkerung», schreiben sie.

Realitätsbezogene Maßnahmen

Als einzig aussichtsreiche Strategie gegen den Hunger in den Entwicklungsländern gelten heute erstens die «Geburtenkontrolle» und zweitens dringend benötigte Investitionen in Wirtschaft, landwirtschaftliche Forschung und Aufbau von Infrastruktur, vor allem zur Schaffung von Arbeitsplätzen, um Armut und gesellschaftliche Unterdrückung zu mindern. Die Entwicklungsländer müssen dabei unterstützt werden, das Wissen und die Techniken zu erlangen, um sich in Zukunft selbst ausreichend mit allen wichtigen Nahrungsmitteln inklusive Fleisch versorgen zu können.

Was daraus folgt

- Fleischverzicht hilft nicht, den Hunger in Entwicklungsländern zu lindern.
- Mit soziologischen und ökologischen Mitteln wäre der Hunger erfolgreicher zu bekämpfen.

Teil III
Fleischprobleme und Verbraucherschutz

KAPITEL 11

Schadstoffe durch Zubereitung

Das Erhitzen von Fleisch über Feuer gehört zu den ältesten Zubereitungsmethoden. Und das Grillen ist auch heute ein besonders beliebtes Vergnügen, vor allem an lauen Sommerabenden. Anderseits wird immer wieder vor dem Grillen gewarnt, da der Verzehr von Grillgut der Gesundheit schaden soll. Tatsächlich kann es durch bestimmte Verarbeitungs- und Zubereitungstechniken von Fleisch und Fleischwaren zu einer Belastung mit gesundheitlich bedenklichen Stoffen, das heißt «Schadstoffen» kommen. Mit einigen einfachen Maßnahmen kann man sich jedoch vor solchen Gesundheitsrisiken schützen.

Grillen und Hocherhitzen

Zwei Stoffgruppen stehen im Mittelpunkt der Diskussion ums Grillen und Braten: die so genannten polyzyklischen aromatischen Kohlenwasserstoffe (PAK), zu denen das bekannte Benzpyren zählt, und die so genannten heterozyklischen aromatischen Amine (HAA). Sowohl PAK wie auch HAA erzeugen bei sehr hoher Dosierung und langer Anwendung im Tierexperiment Krebs. Wahrscheinlich wirken sie unter diesen Bedingungen auch beim Menschen Krebs erzeugend. Allerdings sind die Mengen in der bei uns üblichen Nahrung so gering, dass ein Risiko äußerst gering ist. Jedenfalls gibt es bis heute keine direkten Beweise für einen Zusammenhang zwischen der Aufnahme von PAK oder

HAA in der Nahrung und Krebs beim Menschen. Eine reelle Gefahr könnte höchstens bei ständigem, hohem Verzehr von sehr dunkel Gegrilltem oder Gebratenem bestehen. In verschiedenen Ländern wie den USA und Australien ist derartig bereitetes Fleisch äußerst beliebt. Benzpyren und andere PAK entstehen überall, wo es qualmt, wo also Verbrennungsvorgänge unvollständig ablaufen, wie im schlecht ziehenden Ofen, in Industrieschloten und im qualmendem Grillfeuer. Typischerweise tritt diese Reaktion auf, wenn Fett vom Grill in die Flammen tropft.

Die HAA entstehen dagegen bei großer Hitze aus gewissen Fleischbestandteilen, also auch beim langen Durchbraten oder Frittieren. Als Faustregel gilt: Mit zunehmender Dunkelfärbung des Gargutes nimmt der Gehalt an diesen unerwünschten Stoffen ebenfalls zu. Vergleichbare oder zum Teil noch höhere Werte erreicht man auch bei entsprechender Zubereitung von Geflügel oder Fisch. Die dunklen oder gar verbrannten Teile sollten entsprechend vor dem Verzehr entfernt werden. Der nicht betroffene Teil kann bedenkenlos gegessen werden, da diese Stoffe nicht in tiefere Bereiche eindringen. Bei entsprechender Zubereitung sind auch im Bratensaft und im Bodensatz in Pfanne oder Topf entsprechende Stoffe anzutreffen.

Zubereitungsmethoden, bei welchen die Temperatur nicht über 150 Grad Celsius ansteigt – also Kochen, Dünsten, Mikrowellegaren, Garen im Römertopf und andere –, lassen diese Stoffe nicht entstehen und können deshalb bedenkenlos eingesetzt werden.

Einige Studien kamen in jüngster Zeit zu dem Ergebnis, dass durch Marinieren von Fleisch, Geflügel und Fisch vor der Zubereitung die Bildung solcher unerwünschter Stoffe unterdrückt werden kann. Offensichtlich können auch verschiedene Gewürze wie Senf und andere Kreuzblütler die Bildung solcher Stoffe unterbinden. Allerdings ist längst nicht hinreichend geklärt, bei welchen Zubereitungsbedingungen und bei welcher Dosis von Würzstoffen diese Effekte eintreten. Der beste Schutz ist deshalb das «gekonnte» Zubereiten.

Wie man sich schützt

- Nicht über rußenden oder qualmenden Flammen grillen.
- Das Gargut nicht anbrennen oder verrußen lassen.
- Auf die Soßenbereitung aus hoch erhitztem oder angebranntem Fleischsaft verzichten.
- Die Niedrigtemperatur-Garung sollte man bevorzugen.
- Moderne Grillgeräte mit seitlich einwirkender Hitzequelle sind zu empfehlen.
- Bei einem konventionellem Grill das Gargut auf Alubehältern zubereiten.

Nitrosamine

Bei der Herstellung von Fleischwaren und Würsten wird üblicherweise Nitritpökelsalz eingesetzt. Etwa 90 % des Warensortiments sind davon betroffen. Mit dem Einsatz erreicht man einerseits eine Rotfärbung der Waren (und vermeidet damit die Graufärbung), was dem ästhetischen Anspruch der Verbraucher entgegenkommt. Anderseits – und das ist der gesundheitlich entscheidende Effekt – schützt das Pökelsalz vor Lebensmittel vergiftenden und damit krankmachenden Bakterien, erweist sich also als eine der notwendigen Hygienemaßnahmen. Schließlich kennen die Verbraucher seit Generationen den typischen Geschmack und das Aroma von Pökelwaren und erwarten es auch beim Kauf. Die bekannten Ausnahmen sind die weißen Brat-, Gelb-, Woll- und Weißwürste, die ohne Nitritpökelsalz hergestellt werden.

Aus Nitrit können durch eine chemische Reaktion mit Aminen die so genannten «Nitrosamine» entstehen. Dieser Prozess kann in einem Lebensmittel, in einer kombinierten Speise oder auch im Körper des Menschen stattfinden. Dabei muss das Nitrit nicht aus gepökelten Wurst- oder Fleischwaren stammen. Es kann auch aus Nitrat von anderen Lebensmitteln während der Speisenbereitung entstehen. Und die für die Reaktion nötigen Amine sind ebenfalls in vielen Lebensmitteln enthalten. Ob und wie viel Nitrosamine entstehen, hängt vor allem von den Konzentrationen des Nitrits und des Amins ab. Manche Lebensmittel wie Käse und gewisse Gemüse enthalten beides in so hohen Mengen, dass Nitrosamine entstehen können. Auch in Malzkaffee, Bier, Whisky und Gewürzen sind sie schon nachgewiesen worden.

Hitze begünstigt die Bildung von Nitrosaminen. So können beim Hocherhitzen von gepökelten Fleischwaren, also beispielsweise beim Grillen von geröteten Bratwürsten, durchaus höhere Nitrosamingehalte entstehen.

Am höchsten ist aber die Aufnahme von Nitrosaminen, wenn man den Grill bedient und dazu eine Zigarette raucht: Eine einzige Glimmstange entwickelt in ihrem Rauch bis zum vierfachen von dem, was in einem Kilo (!) gegrillter Pökelware steckt!

Nitrosamine gelten als Krebs erregende Substanzen, wobei unklar ist, ob dies beim Menschen unter normalen Bedingungen tatsächlich zutrifft. Bei dauerhafter Belastung gilt das Risiko aber als gegeben, und mit der Steigerung der Dosis steigt auch das Risiko. Die üblicherweise mit der Nahrung aufgenommenen Mengen gelten gemeinhin aber als so niedrig, dass man ein

daraus folgendes Risiko beim Menschen eher ausschließen kann.
Die geäußerten Bedenken betreffen aber nicht nur die Auswahl von Lebensmitteln, denn der Körper kann – wie schon erwähnt – selbst auch Nitrosamine in natürlicher Weise herstellen. Dies gilt insbesondere in Zeiten von Infekten, da das Immunsystem geschwächt ist, und bei gleichzeitig auftretendem relativem Vitamin-C-Mangel.
Vitamin C kann die Nitrosaminbildung hemmen. Dies wird bei der Herstellung von Fleischwaren genutzt, in dem man es entsprechend dem Brät zusetzt. Ähnliches erreicht man auch im Magen, wenn man zu einem gepökelten Produkt eine Vitamin-C-haltige Speise oder ein entsprechendes Getränk zuführt.

Wie man sich schützt

- Wer sicher gehen will, kann auf das Grillen von gepökelten Fleisch- und Wurstwaren verzichten.
- Auf Vitamin-C-reiche Beilagen, Nachspeisen und Getränke achten.

KAPITEL 12

Rückstände aus der Umwelt

Nahrungsmittel können ungewollt mit Rückständen aus der Umwelt belastet sein. Einige davon können als «Schadstoffe» wirken. Sie gelten deshalb als unerwünscht. Dazu zählen einerseits Schwermetalle wie Blei, Cadmium und Quecksilber. Anderseits handelt es sich im Wesentlichen um organische Chlorverbindungen wie PCB und DDT, die lange Zeit zur Herstellung von Schädlingsbekämpfungsmitteln in der Landwirtschaft eingesetzt wurden. Auch radioaktive Substanzen können eine Rolle spielen. Diese Schadstoffe reichern sich in Pflanzen an. Mit dem Futter gelangen sie dann in den Tierkörper. Entsprechend konnten in der Vergangenheit unerwünschte Rückstände auch in tierischen Lebensmitteln wie Fleisch, Milch und Eiern nachgewiesen werden. Inzwischen hat sich die Situation drastisch geändert.

Radioaktive Stoffe

Völlig bedeutungslos sind inzwischen die Gehalte an radioaktiven Substanzen nach dem Reaktorunfall in Tschernobyl – mit Ausnahme von Wildfleisch aus besonders belasteten Gebieten.

Chlorhaltige Pestizide

Der Einsatz der oben genannten organochlorhaltigen Pestiziden ist schon seit vielen Jahren verboten. Wenn davon noch etwas in Lebensmitteln nachweisbar ist, dann auf Grund der Altlasten, die sich im Boden angereichert hatten und von dort auf und in die Pflanzen gelangen. Auf Grund ihrer starken Fettlöslichkeit werden die Schadstoffe dann im Fettgewebe der Tiere angereichert. Inzwischen ist der Gehalt von Organochlor-Verbindungen im Fettanteil des Fleisches jedoch so gering, dass er nur noch mit empfindlichsten analytischen Methoden nachgewiesen werden kann.

Schwermetalle

Auf Grund der intensiven Umweltschutzmaßnahmen ist während der letzten Jahrzehnte auch die Belastung der Tiere mit Schwermetallen stark zurückgegangen. Durch das Verbot von bleihaltigem Benzin ist der Bleigehalt in Fleisch und in Innereien in den letzten Jahren auf ein Zehntel oder weniger der früheren Werte gesunken. Cadmium ist im Fleisch kaum noch nachzuweisen, da nur ein Bruchteil dieses Metalls aus dem Futter in das Fleisch übergeht. Und Quecksilber ist heute, im Gegensatz zu früher, als man es als Beizmittel beim Getreidepflanzenschutz einsetzte, nur noch in Spuren und nur bei sehr viel analytischem Aufstand nachweisbar.
Selbst in Leber und Niere, den Organen, die auf Grund ihrer Filter-, Speicher- und Stoffwechselfunktion immer etwas höhere, aber längst noch keine kritischen Schadstoffmengen anreichern, sind die Werte stark rückläufig. Oft werden Gehaltszahlen von Innereien in unkorrekter Weise auf Muskelfleisch übertragen. Gänzlich unproblematisch ist es, wenn Innereien von Jungtieren verzehrt werden – denn in der kurzen Lebenszeit können sich auch nur wenige Schadstoffe anreichern.
Übrigens – Pflanzen verfügen nicht über solche Filter, und so ist das «Fleisch» von reifen Früchten oder Gemüsen im Allgemeinen höher mit diesen Umweltrückständen belastet als ein Schnitzel oder ein Braten!

Medikamente

Bei dieser Thematik gilt es genau zwischen dem therapeutischen Einsatz von Medikamenten, dem routinemäßigen Einsatz von Antibiotika als Leistungsförderer in der Mast und dem illegalen Einsatz von Hormonen (siehe Kapitel 13) zu unterscheiden.
Für die Zulassung und Anwendung der legalen Medikamente gab und gibt es seitens des Gesetzgebers tierärztliche Vorschriften, deren Anwendung die Gesundheit der Verbraucher sicherstellt. So durfte eine prophylaktische oder therapeutische Verabreichung von Medikamenten nur durch den Tierarzt bzw. «unter seiner Kontrolle» erfolgen. Nach einer Behandlung mit diesen Medikamenten mussten gesetzlich festgeschriebene Wartezeiten eingehalten werden, bis eine Schlachtung durchgeführt werden konnte bzw. Eier und Milch von diesem Tier wieder gewonnen werden durften. Die Wartezeiten waren so bemessen, dass zuvor die Wirkstoffe im Stoffwechsel des Tieres abgebaut und ausgeschieden werden. Das heißt: Bei vorschriftgemäßem Einsatz der legalen Medikamente traten nach menschlichem Ermessen keine für den Menschen gesundheitsgefährdende Medikamentenrückstände im Fleisch auf. Zusätzlich waren seitens der EU – da niemand unsachgemäßen Medikamenteneinsatz ausschließen kann und folglich in Einzelfällen auch mit Rückständen gerechnet werden muss – die gesundheitlich unbedenklichen Höchstmengen an Arzneimittelrückständen im Fleisch europaweit festgelegt worden. Deren Überschreiten wird gesetzlich geahndet.
Auf Grund der Aufdeckung von illegalen Machenschaften wurden die obgenannten Vorschriften zum Teil bereits verschärft oder werden es in naher Zukunft noch. So sollen Medikamente in der Tierzucht nur noch im Krankheitsfall zugelassen sein, Antibiotika nur noch bei klarer Indikation und auf Rezept.

Was die Rückstandsproblematik betrifft, würden die bestehenden Gesetze und Vorschriften sicherlich ausreichen, um den Verbraucher hinreichend zu schützen. Allerdings hat die Vergangenheit gezeigt, dass auch in der Fleischproduktion Gesetze unterlaufen werden, zum Teil sogar auf der Ebene organisierter Kriminalität.

Antibiotika

In jüngster Zeit ist der routinemäßige Einsatz von Antibiotika als Masthilfemittel in der Tierzucht, als so genannte «Leistungsförderer», verstärkt in die Diskussion geraten. Dabei geht es aber nicht um direkte gesundheitlich bedenkliche Auswirkungen auf den Menschen, sondern um indirekte: Der Verdacht erhärtet sich, dass deren Einsatz zu einer Resistenzausbildung der Mikroorganismen bei Tieren führt. Mit dem Verzehr von Fleisch nimmt der Mensch dann solche resistente Keime auf, worauf sich in seinem Körper entsprechende Mikroorganismen ausbilden. Das könnte dazu führen, dass ein Einsatz von Antibiotika im Krankheitsfall beim Menschen unwirksam bleibt. Und dies wiederum könnte lebensbedrohliche Auswirkungen haben.
In verschiedenen Ländern sind aus diesen Erwägungen bereits diverse Antibiotika, die lange Jahre in der Tiermedizin etabliert waren, vom Markt genommen worden. Zur Zeit sind in der EU noch vier antibiotisch wirksame Substanzen zulässig. Es ist aber damit zu rechnen, dass in Kürze der Einsatz dieser Antibiotika als Leistungsförderer EU-weit gänzlich untersagt sein wird und Antibiotika legal nur noch auf Rezept und im Krankheitsfall erhältlich sein werden.

Was daraus folgt

- Die Belastung mit Rückständen ist beim Fleisch generell sehr gering und vor allem viel niedriger als gemeinhin angenommen. Denn die Schadstoffe werden zu hohen Anteilen von den inneren Organen, insbesondere Leber und Niere, herausgefiltert.

- Der Gehalt an Schwermetallen in der Nahrung und insbesondere im Muskelfleisch ist heutzutage schon sehr gering und weit unterhalb der offiziellen Richtwerte. Er wird künftig noch weiter abnehmen.

- Der Gehalt an organischen Chlorverbindungen ist heute ebenfalls schon gering und liegt weit unterhalb der offiziellen Richtwerte. Auch er wird weiter zurückgehen.

- Bei legalem Einsatz von Medikamenten in der Tierzucht treten im Fleisch keine gesundheitsschädlichen Rückstände auf.

- Der Einsatz von Antibiotika als Masthilfemittel wird in Kürze nicht mehr zulässig sein.

KAPITEL 13

Natürliche und verbotene Hormone

Alle Lebewesen, ob klein oder groß, benötigen Hormone. Deren spezifische Wirkungen lassen die Körperfunktionen aufrecht erhalten: Wachstumshormone, Geschlechtshormone, Stresshormone und so weiter. Deshalb stellen Lebewesen diese Stoffe in ausreichender Menge ständig selbst her. Wenn wir Menschen andere Lebewesen verzehren, nehmen wir natürlich auch deren Hormone auf. Wer beispielsweise einen Löffel voll Sojaöl genießt, der muss 20 000 µg an Östrogenaufnahme erwarten. Wer ein Ei oder 200 g Roastbeef isst, hat mit 1750 bzw. 2,4 µg natürlichem Östrogen zu rechnen (vgl. Seite 76).

Hormonangst

Viele Verbraucher in europäischen Ländern sehen in Hormonen einen großen bis sehr großen Risikofaktor für die Gesundheit. Tatsächlich hat die EU den Einsatz von Hormonen und hormonellen Substanzen als Masthilfemittel seit jeher untersagt, allerdings nicht wegen eines bewiesenen Gesundheitsrisikos, sondern umgekehrt, weil eine Gesundheitsgefahr noch nicht gänzlich ausgeschlossen werden kann. Außerdem vertritt die EU mit Recht den Standpunkt, dass die Verbraucher in Europa Produkte erwarten, die ohne hormonelle Masthilfemittel erzeugt werden.

In vielen Ländern der Welt sind verschiedene Hormone für die Rindermast zugelassen, in den USA zum Bei-

spiel der Einsatz der drei natürlichen Hormone Testosteron, Östradiol und Progesteron sowie der synthetischen hormonwirksamen Verbindungen Trenbolon und Zeranol.
Die offizielle Begründung der dortigen Gesundheitsbehörden lautet, dass nach bislang vorliegenden wissenschaftlichen Erkenntnissen für den Verbraucher keine Gesundheitsgefahr bei der Anwendung dieser Substanzen zu ersehen sind, was auch den Tatsachen entspricht.

Natürliche Hormone

Bei der sachgerechten Behandlung von jungen Tieren mit natürlichen Hormonen, wie etwa in den USA üblich, kann es zu einer Zunahme der Hormongehalte im Fleisch kommen. Dabei findet bei derart «sachgerecht» behandelten Jungtieren eine Hormonkonzentration statt, die in etwa der von unbehandelten geschlechtsreifen Tieren entspricht. Das heißt: Beim Verzehr von Fleisch einer geschlechtsreifen Kuh sind ähnlich niedrige Konzentrationen an natürlichen Hormonen zu erwarten wie beim Verzehr eines mit Hormonen behandelten Jungtieres (siehe S. 75).
Natürliche Hormone und hormonwirksame Substanzen in unserer täglichen Nahrung werden zu einem großen Teil, das heißt zu mehr als 90 %, zunächst im Verdauungsprozess und anschließend über natürliche Stoffwechselvorgänge abgebaut. Die über Fleisch und Fleischprodukte vom Menschen aufgenommenen natürlichen Hormone erreichen außerdem nur maximal einen Hundertstel bis einen Tausendstel der Menge, die Kinder täglich selbst in ihrem Körper herstellen. Bei Erwachsenen liegt das entsprechende Verhältnis noch niedriger. Ein Gesundheitsrisiko für den Menschen kann somit tatsächlich nicht erwartet werden. Das Verbot des Einsatzes von natürlichen Hormonen in der

Tiermast ist also als agrarpolitische und nicht als gesundheitspolitische Maßnahme der EU zu verstehen.

Synthetische Hormone

Anders ist die Sachlage beim systematischen Einsatz synthetischer hormonwirksamer Verbindungen zu beurteilen. Hier konnten in US-amerikanischem Fleisch schon Rückstände in einer Größenordnung festgestellt werden, die unter Umständen bedenklich sind. Aus diesen Gründen und solange wissenschaftlich nicht eindeutig gesichert ist, dass für die Verbraucher kein Gesundheitsrisiko besteht, lehnen europäische Wissenschaftler und die offiziell zuständigen Behörden mit Recht den Einsatz von synthetischen hormonwirksamen Verbindungen als Masthilfe ab.

Was daraus folgt

- Zahlreiche naturbelassene Nahrungsmittel enthalten natürlich vorkommende hormonwirksame Substanzen.
- Natürliche Hormone bzw. hormonwirksame Substanzen in Lebensmitteln werden zum Großteil im Verdauungsprozess abgebaut und gelten als unbedenklich.
- Gesundheitlich bedenklich sind synthetische Hormone.
- In der EU ist seit jeher der Einsatz von natürlichen und synthetischen Hormonen verboten.

KAPITEL 14

BSE und andere Gesundheitsrisiken

Seit Jahren finden Berichte über Salmonellen, Schweinepest und vor allem BSE größte Aufmerksamkeit in den Medien. Sicherlich ist nachvollziehbar, dass sich der Verbraucher vor möglichen Ansteckungen und Gesundheitsrisiken schützen will. Eine sorgfältige Recherche und eine unaufgeregtere und sachlich korrektere Aufklärung seitens der Medien wäre allerdings hilfreich, um dem Verbraucher beizubringen, irrationale von begründeten Ängsten zu trennen. Doch der Medienmarkt verlangt das Gegenteil, und so werden Horrorszenarien ausgebreitet, um mit der Angst der Verbraucher Geschäfte zu machen.

BSE

Die Abkürzung BSE steht für Bovine (= Rind) Spongiforme (= schwammartig) Encephalopathie (bedeutet «Gehirnleiden» und ist ein Sammelbegriff für nichtentzündliche Degenerationen des Nervengewebes). Bei BSE handelt es sich um eine langsam voranschreitende, unheilbare, übertragbare Erkrankung des Zentralen Nervensystems bei erwachsenen Rindern. Solche übertragbare schwammartige Erkrankungen des Gehirns sind seit langem bei Mensch und Tier bekannt – beim Schaf beispielsweise die Scrapie und beim Menschen die Creutzfeldt-Jacob-Krankheit.

Der oder die Erreger dieser Krankheiten sind bis heute nicht eindeutig identifiziert. Die meisten Experten gehen davon aus, dass arteigene Eiweiße, so genannte Prionproteine, wesentlich daran beteiligt sind, in dem sie entarten und angrenzende, gesunde Prionen dazu bringen, ebenfalls zu entarten. Was die Prionen dazu anregt, ist bislang völlig ungeklärt. Als «möglich» diskutiert werden neben einer spontanen Mutation auch Viren und Nebenwirkungen von Tierarzneimitteln (Organophosphate).

Bis Mitte Februar 2001 zählte man in England 182 000 BSE-Fälle, 600 in Irland, 475 in Portugal, 367 in der Schweiz, 247 in Frankreich und 29 in Deutschland (Österreich ist bisher BSE-frei geblieben).

Die Ursache für den epidemieartigen Ausbruch von BSE bei Rindern ist immer noch nicht geklärt. Als Infektionsquelle gilt gemeinhin die Verfütterung von infiziertem Tiermehl oder so genannte «Milchaustauscher», die kontaminierte Tierfette enthalten. Es gibt aber auch viele Argumente, die dagegen sprechen. Gesichert ist inzwischen, dass die Scrapie nicht auf Rinder übertragbar ist und folglich die lange gehegte These der Verfütterung von mit Scrapie-Erregern kontaminiertem Tiermehl an Rinder falsch ist.

Andere Ursachen sind denkbar. So könnte BSE spontan aufgetreten sein und durch unzureichend behandeltes Tiermehl, für das Schlachtmaterial dieser BSE-erkrankten Rinder verwertet worden war, seine Verbreitung gefunden haben. Aber auch der Einsatz von infiziertem Hirnmaterial für die Herstellung von Tierarzneimitteln und Impfungen wird als Ursache für eine breite Streuung diskutiert.

Eine andere These richtet sich auf den Einsatz von «Phosmet», ein Organophosphat, das als Insektizid gegen die Dasselfliege eingesetzt wird. Diese Chemikalie kann nachweislich zur Veränderung von harmlosen Prionproteinen führen, so dass sie BSE-gleich entarten. Diese These geht auf den britischen Ökobauern namens Mark Purdy zurück: Diesem fiel auf, dass seine

Rinder nicht an BSE erkrankten, obwohl sie mit Tiermehl gefüttert worden waren; dagegen hatte er sich stets geweigert, seine Rinder mit Organophosphaten zu behandeln.
Die Tiermehlthese zeigt einige bislang ungeklärte Widersprüche: Die BSE-Epidemie begann in England in den 1980er-Jahren und erreichte 1992 ihren Höhepunkt. Seitdem geht die Erkrankung dort deutlich und kontinuierlich zurück. Das würde mit dem seit 1988 bestehenden Verbot der Tiermehlverfütterung übereinstimmen. Dagegen spricht, dass aus England in den 1980er-Jahren Tausende von Tonnen Tiermehl in den Mittleren Osten, nach Malta und Südafrika exportiert und dort verfüttert wurden. In diesen Ländern wurden bislang keine BSE-Fälle gemeldet.
In England sind inzwischen rund 4 Mio Rinder über 30 Monate gekeult worden. Seit dem Fütterungsverbot von Tiermehl im Jahre 1988 sind noch 30 000 BSE-Fälle aufgetreten. Allein im Jahr 2000 wurden noch 1200 BSE-Fälle registriert. Offizielle Stellen erklären dies damit, dass eine Übertragung vom Muttertier auf das Kalb möglich sei, und mit der Möglichkeit, dass das Kraftfutter mit geringen Spuren von Tiermehl kontaminiert worden sei.
Ob und wie sinnvoll das Fütterungsverbot von Tiermehl zur BSE-Bekämpfung tatsächlich ist, kann im Moment noch niemand beurteilen, da diese Frage noch nicht erforscht ist.

Creutzfeldt-Jacob-Krankheit

Die seit langem bekannte Creutzfeldt-Jacob-Krankheit, abgekürzt mit CJK, von der vor allem ältere Menschen befallen werden, hat mit BSE nichts zu tun. Aber eine neu entdeckte Variante – die vCJK (v steht für Variante) – ist offenbar identisch mit BSE und hat mit großer

Wahrscheinlichkeit auch den gleichen unbekannten «Erreger». Die neue Variante trat erstmals 1995 in Großbritannien auf. Bis Mitte Februar 2001 waren dort 92 und in Frankreich drei Fälle von vCJK aufgetreten. Vor allem jüngere Menschen sind davon betroffen. Mit einer Ausnahme besitzen alle vCJK-Patienten eine genetische Variante des Prionproteins. Es könnte sein, dass sich Menschen mit dieser Genkonstellation leichter infizieren lassen. Bislang ist allerdings weder in Deutschland, in Österreich oder in der Schweiz noch in den anderen von BSE betroffenen Ländern ein einziger Fall von vCJK registriert worden.
Ob die vCJK durch den Verzehr von Fleisch oder Fleischwaren ausgelöst wird, ist völlig unklar; aber zumindest kann es nach neuesten wissenschaftlichen Erkenntnissen nicht ausgeschlossen werden. Als eigentliches Risiko wird der Verzehr von «Risikomaterial» eingeschätzt. Das sind die Gewebe mit sehr hoher Infektionsdichte bei erkrankten Tieren. Hierbei wird nach der Höhe des Risikos unterschieden. Zur höchsten Risikogruppe gehören Hirn, Rückenmark und Augen, zur zweithöchsten Rückenmarkflüssigkeit, Darm, Hirnhaut, Lymphknoten, einige Drüsen und die Nebennierenrinde.
Als niedrig infektiös gelten Knochenmark, Leber, Lunge sowie Pankreas. Experimentell nicht-infektiös sind hingegen Bindegewebe, Blut, Haut, Herz, Knochen (ohne Mark), Milch, Nieren, Schilddrüse, Skelettmuskulatur und Talg. Mit diesen Geweben von Tieren, bei denen BSE voll ausgebrochen war, konnten bisher keine Infektionen bei Versuchstieren erreicht werden, nicht einmal durch direkte Injektion des Gewebes ins Gehirn.
Für eine Übertragung von BSE müssen erst verschiedene Schranken überwunden werden: Eine experimentelle Übertragung bei Tieren der gleichen Art ist vergleichsweise einfach. Wird die Artenschranke über-

schritten, ist die Infektiösität wesentlich geringer. Die zweite Barriere besteht in der Art, wie die infektiösen Prionen in den Organismus gelangen. Mit einer direkten Verbringung ins Gehirn ist eine Infektion am wahrscheinlichsten. Eine Übertragung über die Blutbahn ist schon weniger effektiv. Werden die Erreger mit der Nahrung aufgenommen, sind wesentlich mehr Prionen nötig, um eine Infektion auszulösen. In diesem Fall ist zudem die Inkubationsperiode verlängert.
Im reinen Muskelfleisch von Tieren mit vollem Krankheitsbild sind mit den bislang zur Verfügung stehenden Methoden noch nie BSE-Erreger nachgewiesen worden. Entsprechend konnte – um das nochmals zu betonen – selbst durch direkte Injektion von Muskelgewebe, das von Tieren mit vollem Krankheitsbild stammte, ins Gehirn gesunder Tiere BSE nicht übertragen werden. Das heißt, dass vor dem gerade geschilderten Hintergrund eine Übertragung mit dem Verzehr von Muskelfleisch – selbst von dem eines erkrankten Tieres – äußerst unwahrscheinlich ist, geschweige denn mit dem Fleisch eines frisch infizierten oder gar gesunden Tieres.

Irrationale Verbraucherreaktionen

Die Untersuchungen der Ernährungsgewohnheiten von vCJK-Patienten in Großbritannien und Frankreich sind bislang ebenfalls ergebnislos geblieben. Diese Menschen zeichneten sich nicht durch bestimmte Vorlieben aus. Das heißt, die Betroffenen aßen auch nicht mehr Rindfleisch oder Fleischwaren als vergleichbare gesunde Personen. Sogar strikte Vegetarier, die in ihrem ganzen Leben noch kein Fleisch gegessen hatten, waren von vCJK betroffen. Das heißt, wenn BSE tatsächlich auf den Menschen übertragbar ist, so kann Fleisch nicht der einzige Übertragungsweg sein.

Es gibt in deutschsprachigen Ländern noch keinen einzigen vCJK-Fall, aber in der Bevölkerung sind Seuchenstimmung und panikartige Reaktionen verbreitet. Man halte sich nur einmal vor Augen: Jedes Jahr sterben in unseren Ländern einige hundert Menschen an Salmonellenvergiftung – aber es entsteht keine Panik. Mit dem Hirngewebe von verstorbenen Parkinson- und Alzheimerpatienten lassen sich durch Injektion bei Versuchstieren ebenfalls spongiforme Hirnerkrankungen auslösen – aber niemand fühlt sich beunruhigt ... Wenn BSE über die Nahrung auf den Menschen übertragbar ist, dann haben wir in der Tat ein erhebliches Problem, allerdings ein längst «einverleibtes». Denn bis 1993 wurden englische Rinder in großem Stil in verschiedene europäische Länder exportiert. Ein Großteil von ihnen wird im Laufe der letzten Jahre in die Nahrungskette der Menschen gelangt sein. Wenn infizierte Tiere darunter waren – wovon man ausgehen muss –, so besteht das Risiko, dass durch den Verzehr von verarbeitetem «Risikomaterial» damals Menschen angesteckt wurden. Dies wäre am ehesten über den Verzehr von Wurst und anderen Fleischwaren geschehen. Aber – durch einen heutigen Verzicht auf Rindfleisch lässt sich das Risiko aus den 1990er-Jahren nicht mehr rückgängig machen. Wie es ja auch nichts mehr nützt, mit dem Auto besonders langsam zu fahren, nachdem man bereits in eine Radarfalle der Polizei geraten ist ...

Vernachlässigbares Risiko

Bei infizierten Tieren beginnen sich die BSE-Erreger erst im letzten Stadium der Erkrankung, also etwa ab dem 31. Monat, dramatisch zu vermehren. Üblicherweise treten bei infizierten Rindern ab dem 32. bis 34. Monat die typischen BSE-Symptome auf, so dass eine Verdachtsdiagnose per Augenschein gestellt und per Gewebsprobe bestätigt werden kann. Seit vielen Jahren werden die Herden in England streng überwacht, und die Behörden setzen scharfe Vorsichtsmaßnahmen durch. Fleischproduzenten, auf den Schlachthöfen Tätige und Tiermediziner sind in England seit Jahren hochgradig alarmiert. Gleiches gilt seit kürzerer Zeit auch für alle anderen europäischen Ländern. Dass jetzt noch torkelnde Tiere, bei denen BSE also voll ausgebrochen ist, in die Nahrungskette gelangen, kann ausgeschlossen werden.

Darüber hinaus werden seit Jahren schon in der Schweiz und seit Ende des Jahres 2000 EU-weit alle Schlachttiere, die über 30 Monate alt sind, auf BSE getestet. Bei jüngeren tritt BSE extrem selten auf. In Großbritannien waren von 180 000 BSE-Fällen nur 50 betroffene Rinder, das heißt etwa 0,03 %, jünger als 30 Monate. Jüngere Tiere zu testen macht auch deshalb wenig Sinn, da selbst bei einer vorhandenen Infektion die Zahl der Erreger meist so gering ist, dass sich mit den modernsten derzeit verfügbaren Methoden selbst im «Risikomaterial» keine BSE-Erreger nachweisen lassen, geschweige denn im Muskelfleisch (siehe unten). Dennoch werden in Deutschland seit dem 1. Januar 2001 alle Tiere – zur «politischen» Erhöhung der Sicherheit – schon ab dem 24. Monat getestet. Entsprechend ist hier noch wesentlich seltener mit positiven Befunden zu rechnen.

Seit dem 1. Oktober 2000 werden mit unfassbarer Verspätung auch in Deutschland bei allen Tieren die Risikomaterialien entfernt und vernichtet. Die meisten Rinder werden in der EU im Alter zwischen 22 und 26 Monaten geschlachtet. Vom Fleisch solch junger Tieren geht – auch wenn sie infiziert wären – auf Grund der geringen Erregerzahl theoretisch keine Gefahr aus. Älter werden normalerweise nur Milchkühe, die typischerweise gar nicht in der Frischfleisch-, sondern in der Wurstfabrikation landen. Primär von solchen Tieren könnte überhaupt noch ein Risiko drohen. Doch bei solchen älteren infizierten Tieren wirkt der BSE-Test mit sehr hoher Zuverlässigkeit. Und selbst wenn ein Tier unerkannt bliebe, würde das Risiko durch die inzwischen eingeführten Maßnahmen auf dem Schlachthof extrem gesenkt.

Risikoabschätzung und Schutzmaßnahmen beim Schlachten

Obwohl stark vereinfacht und wissenschaftlich nicht abgesichert, lässt sich im Prinzip mit folgender Rechnung das BSE-Risiko durch den Verzehr eines «Steaks» grob abschätzen:
Bei Kälbern, die als Artgenossen besonders leicht infizierbar sind, gelten 100 Mio Erreger als infektiöse Dosis. Eine so hohe Zahl kann in 0,1 g Hirn eines torkelnden, von BSE gezeichneten Rinds vorgefunden werden. In 1 g Muskelfleisch dieses todkranken Tiers stecken nach wissenschaftlichen Schätzungen (da ja de facto nicht messbar) eventuell bis zu 10 Erreger. Um die infektiöse Dosis zu erreichen, müsste man also 10 000 kg BSE-erregerhaltiges Rinderfilet verzehren. Wenn man sich auf Muskelfleisch beschränkte, dürfte das einige hunderttausend Jahre dauern …
Professor Adriano Aguzzi von der Universität Zürich, einer der führenden BSE-Forscher, erklärt entsprechend zum Risiko durch Fleischverzehr: «Rindfleisch ist heute sicherer als vor zehn Jahren. Die Panik vor einer BSE-Übertragung von Rindern auf den Menschen ist aus meiner Sicht ziemlich unberechtigt.»
Bei der Schlachtung wird das Probenmaterial für den BSE-Test entnommen. Anschließend werden alle Risikomaterialien entfernt und vernichtet. Eine Freigabe der Tagesproduktion an Schlachtkörpern erfolgt erst, wenn für alle Tiere ein negatives Testergebnis vorliegt. Alle

Schlachtkörper, die nach einem im Schnelltest nicht eindeutig negativ getesteten Tier vor der Reinigung und Desinfizierung in derselben Schlachtlinie getötet wurden, müssen unschädlich beseitigt werden. Gegebenenfalls wird die Vernichtung der gesamten nach dem befallenen Tier geschlachteten Tagesproduktion vernichtet, um jegliche Kontamination auszuschließen.
Zudem sollen demnächst EU-weit durch flächendeckende Einführung neuer Betäubungsverfahren per Elektroschock statt Bolzenapparat und durch Zerlegungsverfahren, bei denen die Wirbelsäule der Tiere nicht gespalten wird, die Risiken durch eine Verbreitung von Hirn- und Rückmarkspartikeln unterbunden werden.

Was daraus folgt

- Ein tatsächliches BSE-Risiko bestand bis vor kurzem im Verzehr von Nervengewebe bzw. von Fleischwaren, in denen Hirn oder anderes Nervengewebe verarbeitet war.
- Bei Fleischwarenkonserven, die bis Ende 2000 gefertigt wurden, kann das Risiko immer noch bestehen, doch wurden sie durch freiwillige Rückrufaktionen vom Markt genommen.
- Wenn Menschen sich überhaupt durch den Verzehr von Gewebe, das BSE-Erreger enthält, infizieren können, so war die Gefahr einer Infektion Anfang bis Mitte der 1990er Jahre am höchsten.
- Es konnte bisher durch den Verzehr von reinem Fleisch keine Übertragung nachgewiesen werden.
- Vom Verzehr von reinem Muskelfleisch geht nach menschlichem Ermessen kein reelles Risiko aus.

• Seit vielen Jahren war der Verzehr von Rindfleisch nicht mehr so sicher wie seit Ende des Jahres 2000.

• Seit dem generellen Verbot der Verwendung von Hirn und anderem Risikogewebe ist auch der Verzehr von Wurst und anderen Fleischwaren wieder sicher.

Schweinepest

Die Schweinepest ist eine Viruserkrankung. Sie befällt ausschließlich Haus- und Wildschweine. Weder für den Mensch noch für andere Tierarten besteht irgendeine gesundheitliche Gefahr.
Die Infektion der Schweine erfolgt meist über Kontakt mit anderen Tieren, das heißt über Speichel, Urin und Kot sowie über Nasen-, Rachen- und Augenflüssigkeit. Hauptüberträger sind die Tiere, die das Virus bereits ausscheiden, bevor sie selbst sichtbare Symptome zeigen. Neben der Übertragung von Tier zu Tier ist zudem eine Ansteckung über virusbelastete Gegenstände und nicht genügend erhitzte Küchenabfälle sowie Futtermittel möglich. Auch über die Kleidung von Vieh- oder Futterhändler oder über deren Fahrzeuge kann das Virus leicht in einen Betrieb eingeschleppt werden.
Zum Schutz vor der Seuche gibt es in Deutschland eine Vielzahl von Vorschriften, die im Tierseuchengesetz verankert sind. Beispielsweise muss im Verdachtsfall das betroffene Gehöft gesperrt werden. Es werden auch großflächige Schutzzonen mit strengen Handels- und Transportverboten eingerichtet. Beim Auftreten der Seuche muss der gesamte Tierbestand getötet und unschädlich beseitigt werden. Der Versuch einer ohnehin zwecklosen Behandlung ist verboten. Um eine Aufhebung der Sperrmaßnahmen zu erreichen, sind umfangreiche klinische Untersuchungen notwendig.

Salmonellen

Infektionen mit Salmonellen gehören zu den weltweit am häufigsten vorkommenden Lebensmittelvergiftungen. Diese Mikroorganismen sind überaus widerstandfähig und können fast überall auftreten, so im Wasser, im Boden, auf und in Tierkörpern, auf Gegenständen und in sämtlichen Lebensmitteln. Beim Fleisch können rohe oder unzureichend erhitzte Stücke davon betroffen sein. Bei Temperaturen über 70 Grad Celsius sterben diese Mikroorganismen jedoch ab. Einen hinreichenden Schutz bieten nur entsprechende Hygienemaßnahmen und Zubereitungstechniken.

EHEC

Auch die Escherichia-coli-Bakterien sind weit verbreitet; sie gehören zur normalen Darmflora von Mensch und Tier. Eine Untergruppe namens EHEC (enterohämorrhagische E. coli) gilt als besonders gefährlich, da sie schon bei geringer Anzahl blutige Durchfälle auslösen kann. Im ungünstigsten Fall können diese Bakterien sogar zu schwersten Nierenschädigungen führen und entsprechend – vor allem bei Kleinkindern und älteren Menschen – lebensgefährlich werden.

Neben Gemüse, Salat, Säften und Wasser gelten vor allem rohes Fleisch und Rohmilch als Infektionsquellen. Bei Temperaturen über 70 Grad Celsius sterben diese Mikroorganismen ab. Auch hier gilt: Schutz bieten nur entsprechende Hygienemaßnahmen und Zubereitungstechniken.

Schutzmaßnahmen gegen Bakterien

- Haustiere aus dem Küchenbereich ausschließen.
- Rohe Lebensmittel immer gut verschlossen im Kühlschrank bei höchstens vier Grad Celsius bzw. minus 18 Grad im Tiefkühlfach aufbewahren.
- Rohe Lebensmittel von bereits gegarten getrennt aufbewahren.
- Rohgemüse und Salate ausreichend waschen.
- Hände, Arbeitsflächen und Küchengeräte vor und nach der Berührung mit rohem Fleisch, Geflügel, Fisch und Eiern gründlich reinigen.
- Roh- und Vorzugsmilch vor dem Verzehr abkochen.
- Fleisch-, Fisch- und Geflügelteile und vor allem Hackfleisch sollte im Inneren (Kerntemperatur) über mehrere Minuten eine Gartemperatur von mindestens 70 Grad erreichen.
- Besonders anfällige Personen wie Kleinkinder und ältere Menschen sollten ganz auf rohes Fleisch, rohe Eier und rohe Milch verzichten.

KAPITEL 15

Moderner Verbraucherschutz

Die Menschen nahmen über Millionen von Jahren immer nur das zu sich, was sie selbst oder ihre vertrauten Sippenmitglieder gejagt oder gesammelt hatten. Nahrungssicherheit war eine Grundvoraussetzung für das Überleben. Und sie dürfte immer noch einem menschlichen Grundbedürfnis entsprechen – möglicherweise ist es ja sogar in den Genen verankert.

Heute ist das Verhältnis zwischen Mensch und Nahrung entfremdet. Milch kommt aus dem Karton und Fleisch aus der Klarsichtpackung. Die Verbraucher sind dem Angebot des Handels auf Gedeih und Verderb ausgeliefert. Unter diesen Voraussetzungen ist Vertrauen in die Sicherheit alles. Aber, so suggeriert die Berichterstattung in den Medien, diese Sicherheit gibt es bei keinem Lebensmittel mehr ...

Wer sich um Fakten kümmert, wird zu anderen Schlüssen kommen. Wenn man beispielsweise objektive Daten zur Schadstoffbelastung der Lebensmittel heranzieht, wundert man sich, wie gering diese Belastung ist – vor allem im Vergleich zu früheren Jahren. Heute jedoch sind dank moderner Analyseverfahren Schwindeleien schnell aufgedeckt und Schadstoffe sogar in geringsten Spuren rasch aufgespürt. Wurde jemals mehr und effektiver kontrolliert als heute? Man kann also mit Recht behaupten, dass die Nahrung im Prinzip noch nie so sicher war wie heute.

Ausnahmen bestätigen die Regel: Gesetzesbrecher, skrupellose Geschäftemacher mit perfider krimineller

Energie sind nicht auszurotten. Um wenigstens die meisten von ihnen dingfest zu machen, bedarf es offenbar noch größerer Anstrengungen und härterer Strafen. Dazu brauchen wir vor allem weit mehr Lebensmittelkontrolleure und einheitliche Prüfstandards in allen EU-Ländern.

Handelsmacht

Illegale Machenschaften sind ein Problem. Aber die meisten Landwirte, die heute Opfer der Antibiotika-, BSE- und MKS-Krisen sind, haben sich nie etwas zu Schulden kommen lassen. Sie sind Gefangene eines Systems, in dem es gilt, Tiere als reine Produktionsfaktoren zu betrachten, um maximalen Gewinn aus ihnen zu erwirtschaften. Umsatz heißt die Devise. Dafür müssen die Preise so niedrig wie möglich sein. Und tatsächlich sind die Fleischpreise, vor allem für Schweinefleisch, stetig gesunken, während die Lebenshaltungskosten unaufhaltbar stiegen. Um ein wirtschaftliches Überleben zu sichern, mussten die Landwirte «effektiver» produzieren. Dazu gehören größere Tierbestände, billigeres Futter und alle möglichen legalen Hilfsmittel. Ein kleiner, aber hilfreicher Schritt über die Gesetzesgrenze hinweg war da für manchen allzu verführerisch.
Was letztlich in den Lebensmittelladen kommt und wie viel es kosten darf, darüber entscheidet heute der Handel. Dies gilt umso mehr, als ein Großteil des Fleisches heute schon verarbeitet, das heißt gewürzt, faschiert oder paniert angeboten wird. Es sind einige wenige Handelshäuser, die den Markt fest im Griff haben. Und ihre Exponenten wissen genau, dass sie gerade beim Fleisch mit Billigangeboten das große Geschäft machen können. Mit rigiden Methoden drücken sie die Preise und diktieren die Vorgaben: Das Fleisch muss nicht nur außerordentlich billig, sondern auch rot und fettarm

sein. Wie dies erreicht wird, ist einerlei: Die Qualität spielt keine Rolle. Die interessierten Kreise haben rasch gelernt, dass die Verbraucher fast alles mitmachen, solange es ihren Geldbeutel möglichst wenig belastet. Wir geben heute etwa 13 % unseres Einkommens für Nahrungsmittel aus. Vor 50 Jahren waren es noch knapp 40 % gewesen …

Wenn Verbraucher und Politiker heute eine Kehrtwendung in der Lebensmittelproduktion fordern, müssen sie auch bereit sein, sich mit dem Handel anzulegen und die Macht des Kunden auszuspielen. Doch wer erkennt noch Qualität, wer kann oder will noch kochen? Nur wenn wir endlich die miesen Schnäppchen liegen lassen und uns wieder auf marmoriertes, saftiges Fleisch mit Fettrand kaprizieren, erhalten die Landwirte die Chance, mit artgerechter Tierhaltung gegen Stress resistente, langsam wachsende und robuste Tiere zu halten, die ohne entsprechende Medikamente und Hilfsmittel gesund heranwachsen.

Artgerechte Tierhaltung

Die Menschheit hat sich nur zu dem entwickelt, was sie heute ist, weil sie sich die Tiere so intensiv nutzbar gemacht hat. Dennoch stellen die Ethiker mit Recht immer wieder von Neuem die Frage: Muss der Mensch als vernunftbegabtes Wesen, mit seiner Verantwortung für die Schöpfung und mit all seinen hoch entwickelten Möglichkeiten, auch heute noch Tiere zu seinem Vorteil töten? Dieses Buch ist kein geeignetes Forum, um diese Diskussion auszutragen. Von allen Meinungsverschiedenheiten unbenommen müssen aber immer auch die Ansprüche der Tiere an ein würdevolles, artgerechtes Leben während ihrer Aufzucht sichergestellt sein. Dies ist auch die Ansicht des Autors, der im vorliegenden Buch ja nicht gerade den Fleischverzicht propagiert.

Diese Forderung ist zwar im Prinzip in den Tierschutzgesetzen der meisten Länder festgehalten. Doch Gesetze sind natürlich Auslegungssache, und im strengen Sinne profitiert ja nur der Mensch von jeder Art von Tierhaltung. Man müsste geradezu die Tiere befragen können, ob sie ihre Haltungsbedingungen als artgerecht empfinden und damit zufrieden sind. Wenn ein Schwein nicht wühlen, sich nicht im feuchten Boden suhlen oder sich in der Sonne räkeln kann, wird ihm Elementares fehlen, und es wird sich kaum «sauwohl» fühlen.
In Bewusstsein der Bürger hat sich vor allem die Intensivhaltung in großen Produktionseinheiten als Verkörperung des tierquälerisch Bösen festgesetzt. Wissenschaftliche Untersuchungen zeigen allerdings, dass Verstöße gegen das Tierschutzgesetz völlig unabhängig von der Betriebsgröße vorkommen. Und umgekehrt gibt es zahlreiche Beispiele dafür, dass Großbetriebe durchaus ökologische Tierhaltung betreiben können. Gemäß Aussagen renommierter Agrarprofessoren ist «Masse mit Klasse» kein naturgegebener Widerspruch, sondern mit modernen Produktionsmethoden völlig vereinbar.

Ein Musterbetrieb – artgerecht und wirtschaftlich

Nicht überall kann es so idyllisch zugehen wie in den Herrmannsdorfer Landwerkstätten nahe München, die von Karl Ludwig Schweisfurth aufgebaut wurden. Sie gelten als Vorzeigemodell für eine weitgehend artgerechte Tierhaltung. Die Qualität ihrer Schweinsbraten ist inzwischen schon legendär. Und die Geschäftsleitung demonstriert dort nebenbei, dass ihre Haltungsmethode wirtschaftlich ist – sofern man Kunden gewinnt, welche bereit sind, für Topqualität auch entsprechend höhere Preise zu bezahlen.

Bei dem immensen Fleischbedarf der Weltbevölkerung wird aber der oft propagierte generelle Abschied von der Intensivhaltung wohl weiterhin reine Illusion bleiben. Statt im Ökolandbau, mit seinen zum Teil verworrenen, in Nostalgie schwelgenden Ideologien die einzige Alternative zu sehen, sollte man prüfen, welche anderen, modernen Ansätze zu akzeptablen Lösungen führen. Die Aspekte des Tierschutzes und der artgerechten Tierhaltung müssen dabei über strenge Gesetze und entsprechende Kontrollen sichergestellt werden – offenbar geht es nicht auf freiwilliger Basis.

Neue Gesetze

Um zu gewährleisten, dass einwandfreies Fleisch in den Handel gelangt, waren in den letzten Jahren immer mehr strenge Gesetze, Verordnungen und Regelungen auf EU- und Länderebene erlassen worden. So hat man EU-weit eine obligatorische «Rindfleischetikettierung» eingeführt, um einen höheren Sicherheitsstandard zu erreichen. Seitdem müssen Angaben zur Herkunft des Fleisches über Schlachtung und Zerlegung bis zum Geburts- und Mastort gemacht werden. So tief geschlafen hat man also gar nicht in der Politik. Die guten Vorsätze, die sich in den rechtlichen Regelungen niederschlagen, sind bislang häufig vor allem an mangelnder Kontrolle gescheitert. Es bleibt zu hoffen, dass es bald auch bei den Lebendviehtransporten einschneidende Regelungen gibt.
Im Anschluss an die Antibiotika-, BSE- und MKS-Krisen will man nun in der Landwirtschaftspolitik neue Konzepte der Qualitätssicherung und des Verbraucherschutzes erarbeiten – die Krise als Chance! Das Ziel ist die «gläserne Produktion», eine Sicherung und Überprüfbarkeit der Herkunfts und Lieferantenbeziehungen, eine Dokumentation aller Erzeugungsstufen, aber

auch der beteiligten Betriebe wie der Futtermittelhersteller, Transporteure, Tierärzte und Labors sowie eine Verschärfung der Kontrollen auf allen Ebenen der Fleischerzeugung. Man will unter anderem erreichen, dass in Zukunft alle Futtermittel, Rohstoffe und Tierarzneimittel in jedem Tierhaltungsbetrieb dokumentiert werden.
Weiter soll die Verwendung von Tiermehl und -fetten aus Anstalten zur Tierkörperbeseitigung von der Nahrungs- und Futterkette ausgeschlossen werden. Es soll ein EU-weites Verbot für Antibiotika in der Fütterung durchgesetzt werden. Das Hormonverbot will man beibehalten. Jeder Betrieb, ob ökologisch oder konventionell, soll sich verpflichten, die erstellten Kriterien und Regeln einzuhalten, Maßnahmen zur Eigenkontrolle durchzuführen und neutralen Kontrolleuren Einsicht und Zugang zu gewähren.

Neue Wege

Nicht jedes Prüfsiegel, das bisher um unser Vertrauen warb, prangte zu Recht auf den Produkten. Zu häufig hatten Verbraucherschützer irreführende Angaben und falsche Versprechungen feststellen müssen. Zudem waren und sind die Aussagen solcher Siegel oft nicht klar genug formuliert und für den Verbraucher deshalb keine echte Orientierungshilfe.
Heute ist der Verbraucher so sensibilisiert wie nie zuvor. Das hat die Industrie zum Umdenken gezwungen. Gefragt ist Transparenz bei der Herstellung von Lebensmitteln vom Hof bis zum Herd. Die Hersteller verstehen langsam, dass sie nur mit überprüfbaren Herkunftsnachweisen verloren gegangenes Vertrauen zurückgewinnen können. Doch wie kann man Herstellerangaben von neutraler Stelle überprüfen und zertifizieren?

Anfang des Jahres 2001 hat der Technische Überwachungsverein (TÜV) Süddeutschlands ein wegweisendes Modell vorgestellt. Gemeinsam mit der Technischen Universität München hat man im Januar eine neutrale Prüfinstanz gegründet. Nun kann eine achteckige blaue TÜV-Plakette garantieren, dass die Herkunft eines Produkts und die Richtigkeit der Angaben vom TÜV genauestens geprüft wurden – auf Wunsch des Herstellers. Dabei definiert man nicht eigene Qualitätsstandards. Man will auch nicht den Gesetzgeber ersetzen oder die Einhaltung der Gesetze überwachen. Der TÜV überprüft vielmehr nur das, was der Hersteller seinen Kunden verspricht.

Bei einem Stück «Bio-Rindfleisch» beispielsweise heißt das, dass alle Stationen der Produktion von der Aufzucht über Transport, Schlachtung und Zerlegung bis hin zum Handel nachweisbar sind. Mittels der auf der TÜV-Plakette angegebene achtstelligen Nummer können Verbraucher im Internet (unter www.vitacert.de) den Karriereweg ihres Sonntagsbratens nachvollziehen: Sie bekommen genaue Angaben über Fütterung und Stallhygiene, Transportzeiten und lebensmittelchemische Untersuchungen bei Schlachtung und Zerlegung. Und der besondere Clou dabei ist der so genannte «genetische Fingerabdruck». Es werden von jedem Tier Genanalysen gemacht, so dass man später jedes anonyme Stück Fleisch exakt einer Kuh zuordnen kann. Das ist ein großer Fortschritt gegenüber den bisher verwendeten Ohrmarken: Diese werden bei der Schlachtung ja entfernt, und jede weitere Dokumentation existiert nur auf dem geduldigen Papier.

Neben Fleisch sollen auch Milchprodukte, Getränke, Gemüse und Obst sowie Backwaren und Gewürze vom TÜV kontrolliert werden. Wenn ein Hersteller angibt, er biete garantiert salmonellenfreie Ware an, werden seine Produkte auf die gefährlichen Bakterien untersucht. Wer seine Gewürze als frei von schädlichen

Schimmelpilzen auslobt, wird kontinuierlich entsprechende Test überstehen müssen. Wer deklariert, seine Lebensmittel seien ohne jeden Einsatz von Hormonen oder Spritzmitteln erzeugt worden, kann das nun beim TÜV für alle Verbraucher sichtbar abklären lassen. Bald sollen auch importierte Rohstoffe und sogar Futtermittel zertifiziert werden, so dass auch die Landwirte wieder sicher sein können, dass sie ihren Tieren keine verbotenen Substanzen füttern.

Ob und inwieweit sich dieser neue Weg des Verbraucherschutzes durchsetzen wird, hängt zunächst von den Produzenten ab. Wollen sie diese Transparenz wirklich ernsthaft haben? Aber die Zukunft hängt nicht zuletzt auch vom Verbraucher selbst ab, das heißt von der Frage: Wird nach diesen Produkten vermehrt nachgefragt, und sehen die Marktanbieter eine Chance darin?

Was daraus folgt

- «Masse» und «Klasse» bzw. «artgerechte Tierhaltung» sind kein naturgegebener Widerspruch.
- Der Verbraucher kann über die Nachfrage nach «Klasse» den Markt und damit die Produktionsmethoden nachhaltig beeinflussen.
- Wer «Klasse» will, muss bereit sein, dafür zu zahlen.

Teil IV
Artgerechte Ernährung

KAPITEL 16

Bewegung als Basis

Bis in die Neuzeit hinein waren Ernährung und Bewegung immer untrennbar miteinander verknüpft: jagen und sammeln, um zu essen und überleben zu können. Was auch immer sonst noch zu tun war, alles konnte man nur mit eigener Hände Arbeit erledigen. Muskelkraft und Ausdauer waren folglich die entscheidenden Koordinaten des täglichen Lebens. Und dementsprechend war die körperliche Ausstattung unserer frühzeitlichen Vorfahren: schlank, muskulös und fit.

Seit der industriellen Revolution haben sich aber die Umweltbedingungen radikal gewandelt. Inzwischen leben die meisten Menschen weitgehend bewegungsfrei. Wir sitzen in «Sitzungen», im Flugzeug, im Auto, am Schreibtisch, vor unseren Computern und verbringen selbst den größten Teil unserer Freizeit sitzend vor dem Fernseher.

Keine Software für heutigen Lifestyle

Die evolutionäre Einheit – Ernährung durch Bewegung – ist im letzten Jahrhundert völlig auseinandergerissen worden. Unsere Gene hatten keine Chance, sich der radikalen Wandlung der Lebensumstände in dieser kurzen Zeit anzupassen. Es ist, als wären wir per Zeitmaschine in die «schöne neue Welt» «gebeamt» worden. Nun leben wir mit unseren Steinzeit-Genen in einer Computerwelt.

Fehlende körperliche Aktivität ist genetisch nicht vorgesehen. Der Körper verfügt entsprechend nur über

Software, die allein unter der Bedingung «tägliche, körperliche Aktivität» optimal läuft. Die herrschende Diskordanz verursacht ständige Störungen im körperlichen Betriebssystem, und Abstürze im Stoffwechsel sind nicht zu vermeiden.

Es kann noch ein paar tausend Jahre dauern, bis brauchbare Updates für unsere Gene verfügbar sind. Bis dahin bleibt vor allem eines: Bewegung! Nur wer täglich oder an den meisten Tagen der Woche ein gewisses Maß an körperlicher Aktivität absolviert, kann sein ganzes genetisches Potenzial zum Erhalt der Gesundheit und Leistungsfähigkeit nutzbar machen.

Bewegung verhindert Stoffwechselstörungen

Ein Mindestmaß an körperlichen Aktivität hilft eine an den Energieverbrauch angepasste Kalorienzufuhr einzuhalten und damit Übergewicht zu verhindern. Mit regelmäßiger Aktivität werden außerdem Muskeln aufgebaut. Durch Training wird die Fettsäurenzusammensetzung der Muskelzellen und ihrer Membranen günstig verändert. Unter anderem durch diesen Effekt wird die gefürchtete Insulinresistenz gemindert und die Glukoseaufnahme in die Zellen erhöht. Damit ist regelmäßige körperliche Aktivität die wichtigste präventive und therapeutische Maßnahme, um dem gefürchteten Syndrom X vorzubeugen. Schließlich hilft Bewegung, Stresshormone und damit den Ärger des Tages abzubauen.

Länger gesünder leben

Mit körperlicher Aktivität senkt man nicht nur die Risikofaktoren für das Syndrom X, sondern auch die Erkrankungsrate und die Sterblichkeit. Dies betrifft

vor allem die Herz-Kreislauf-Erkrankungen, aber selbst das Risiko für Brust- und Darmkrebs wird mit Aktivitätssteigerung in Arbeit und Freizeit zurückgedrängt. Dies gilt für Schlanke wie für Übergewichtige. Fitte Übergewichtige haben sogar ein tieferes Herzinfarktrisiko als schlappe Schlanke!

Im Prinzip ist jede Art von Muskeltraining sinnvoll. Schon moderate Belastungsintensitäten wirken gesundheitsförderlich. Ideal wäre es, sich täglich mindestens 30 Minuten, besser 40, 50 oder 60 Minuten entsprechend zu aktivieren. Wer nur einmal pro Woche «zum Sport geht» (das heißt meistens im Auto sitzend fährt), wird keinen nennenswerten Zuwachs an Fitness und keinen erwähnenswerten Effekt hinsichtlich der Gewichtskontrolle erwarten können. Eine eindeutige Trainingwirkung erzielt man, wenn man sich mindestens jeden zweiten Tag entsprechend ertüchtigt. Doch bezüglich der gefürchteten Insulinresistenz gilt: Je mehr große Muskeln eingesetzt werden und je länger und rhythmischer die Bewegung aufrecht erhalten wird, desto wahrscheinlicher kann man diese gefürchtete Resistenz bekämpfen.

Was daraus folgt

- Alltägliche Bewegung ist die Voraussetzung zum Erhalt aller Gen-Funktionen und damit die Basis für einen funktionierenden Stoffwechsel.
- Chronischer Bewegungsmangel überfordert die körperlichen Regulationsmechanismen.

KAPITEL 17

VORSICHT, KOHLENHYDRATFALLE!

Bewegung kostet Energie. Je schneller man auf der Autobahn unterwegs ist, desto höher der Spritverbrauch. Beim Menschen ist es ebenso: Je schneller, intensiver und länger seine Bewegung ist, desto mehr Kalorien verbrennt er.
Als «Treibstoff» für die Muskeln dient entweder Traubenzucker, in der Fachsprache Glukose genannt, oder aber Fett bzw. die Fettsäuren. Aus Glukose können die Zellen am schnellsten und am effektivsten Energie beziehen. Es ist der «Supertreibstoff». Aus Fett können sie ihren Energiebedarf langsamer und weniger effizient decken – das «Diesel». So sind intensiv arbeitende Muskelzellen von einer ausreichenden Kohlenhydratversorgung abhängig. Ganz auf Kohlenhydrate sind auch das Zentrale Nervensystem und die roten Blutkörperchen angewiesen. Sie können mit Fett nichts anfangen.

Alles wird Zucker

Alle verdaulichen Kohlenhydrate aus den Nahrungsmitteln, sei es Kartoffeln, Müesli, Nudeln, Sportlerriegeln oder Streuzucker, werden durch Verdauungs- und Stoffwechselprozesse aufgeschlossen und umgebaut, bis daraus ein und dasselbe Endprodukt, die Glukose, entstanden ist. Gespeichert wird Glukose in den Muskel- und Leberzellen als spezielle Verbindung, dem Glykogen. Bei einer durchschnittlichen Ernährung beträgt dieser Kohlenhydratspeicher insgesamt 300 bis 400 g.

Kein Zuckerbedarf

Mindestens 100 g Glukose sind nötig, um wenigstes die zuckerabhängigen Gewebe, das Zentrale Nervensystem und die roten Blutkörperchen, während eines Tages ausreichend zu versorgen. Wenn aber keine Kohlenhydrate mit der Nahrung nachgeschoben werden, kann der Organismus sich behelfen: Er baut einfach Eiweiß unter anderem aus der Muskulatur in Glukose um! Kohlenhydrate sind deshalb nicht essenziell. Man muss sie nicht zwingend mit der Nahrung zuführen.

Die Kohlenhydratfalle

Was passiert, wenn man mehr als genügend Kohlenhydrate zu sich nimmt? Zur Zeit besteht die «westliche» Kost zu etwa 45% der Kalorien aus Kohlenhydraten. Bei einer mittleren Kalorienzufuhr von 2200 kcal pro Tag entfallen damit 990 kcal auf Kohlenhydrate, was einer Menge von etwa 240 g entspricht. Aber von der Ernährungsberatung wird üblicherweise empfohlen, den Kohlenhydratanteil auf bis zu 60% anzuheben. Dem entspräche bei obigem Beispiel eine Menge von 330 g Kohlenhydraten pro Tag. Für die Praxisanwendung lautet die entsprechende Empfehlung: Sechs bis elf Portionen von Brot und Backwaren, Müesli, Nudeln, Kartoffeln und Reis soll man jeden Tag genießen. So viel «komplexe» Kohlenhydrate – das sei gesund!
Was macht nun der Körper mit diesem Haufen Stärke? Zunächst wird sie im Verdauungssystem zu Glukose abgebaut. Diese wird dann in die Muskel-, Leber- und Nervenzellen und in die roten Blutkörperchen geschleust. Dazu benötigt man das Insulin. Eine gesunde Bauchspeicheldrüse wird immer genügend Insulin in die Blutbahn bringen, um die Schleusen der Zellen für Glukose zu öffnen.

Aber benötigen wir wirklich die ganzen Kohlenhydrate, den «Supertreibstoff»? Heute besteht die wichtigste körperliche Aktivität im Halten der Fernbedienungen und im Führen und Klicken der «Maus». Die energetische Bewältigung dieser Alltagsbelastung könnte auch problemlos mit Fettverbrennung abgedeckt werden. Fett haben wir reichlich in der Kost und am Körper. Werden aber ständig Kohlenhydrate nachgeschoben, müssen diese auch ständig verbrannt werden, da unsere Kohlenhydratspeicher im Körper begrenzt bzw. kaum zu vergrößern sind. Dem entsprechend wird die Fettverbrennung dauerhaft unterdrückt!
Solch chronische Kohlenhydratmast hat die Menschheit in ihrer Evolution nie gekannt. Zu 99,5% ihres Daseins hat sie ohne Brot und Backwaren, Müesli und Mohnkuchen, Makkaroni und Maisfladen, Reis und Roggen verbracht. Kohlenhydrate waren Mangelware. Wenn überhaupt gab es Beeren, Früchte und Wurzeln – nicht raffinierte Kohlenhydrate, reich an Ballaststoffen. Gleichzeitig war das Leben echt anstrengend. Um es zu meistern, hatten sich unsere Vorfahren große, kräftige Muskeln zugelegt, die jedoch mit ganz wenigen Kohlenhydraten auskommen mussten!

An Getreide schlecht adaptiert

Getreideprodukte, vor allem die Vollkornvarianten, enthalten hochwirksame Pflanzenstoffe wie Phytate, Alkylresorcinole, Protease-Inhibitoren und Lectine, die viele unerwünschte Effekte bewirkten, ja uns sogar auch gefährlich werden können. Selbst die in der Vergangenheit als so «wertvoll» gefeierten ungesättigten Fettsäuren vom Omega-6-Typ aus Weizenkeim-, Maiskeim- und Sojaöl bringen nach heutigem Wissen bei übermäßiger Zufuhr mehr Nach- als Vorteile (siehe Kapitel 19). Außerdem können durch Getreidekonsum spezifische

Krankheiten ausgelöst werden. Dass viele Inhaltstoffe der Getreide auch heute noch als «antinutritive» Bestandteile wirken, also die normalen Körperfunktionen beeinträchtigen, erklärt man damit, dass viele Zeitgenossen an den Getreidekonsum, vor allem in der Menge, wie er heutzutage üblich ist, immer noch nicht genetisch adaptiert sind. Schließlich ist Getreide in nennenswerter Menge erst in der jüngsten Phase der Evolution in die Nahrungskette gelangt.

Genprogramm fehlt

Nun leben wir mit inaktiven Minimuskeln und futtern den ganzen Tag Kohlenhydrate. Die evolutionären, artprägenden Umweltbedingungen wurden auf den Kopf gestellt. Dumm nur, dass es für diese Lebensbedingungen keine Gene gibt. So etwas kam in der Entwicklungsgeschichte des Menschen ganz einfach nie vor. Wann hätten sich solche Genprogramme entwickeln sollen?

Gestörter Stoffwechsel

Wen sollte es verwundern, dass vor diesem Hintergrund eine kohlenhydratreiche Kost unseren Stoffwechsel ziemlich durcheinander bringt? Kohlenhydratmast – ohne entsprechende hohe körperliche Aktivität – regt die köpereigene Fettherstellung an und erhöht die Konzentration an Blutfetten! Das betrifft einige Cholesterinarten (VLDL-Cholesterin und IDL-Cholesterin) und die Triglyceride bzw. weitere triglyceridreiche Blutfette (Remnants), die als besonders Herz gefährdend einzustufen sind. Zusätzlich wird das «böse» LDL-Cholesterin noch viel «böser», in dem es sich bei kohlenhydratreicher, fettarmer Kost in kleinere dichtere

LDL-Partikel umwandelt. Speziell nach dem Essen (postprandial) sind diese Blutfette unter dieser Kost erhöht. Und sie bleiben auch den ganzen Tag über erhöht, da die kohlenhydratreiche Kost ihren Abbau hemmt. Eine weitere «böse» Blutfettart, das so genannte Lp(a), steigt unter kohlenhydratreicher Kost ebenfalls an. Gleichzeitig sinkt der Blutspiegel des «guten» HDL-Cholesterins. Speziell die Konstellation hohe Triglyceride mit niedrigem HDL ist für Herz und Kreislauf äußerst bedenklich.

Diese hohe Konzentration an verschiedenen Blutfetten aktiviert wiederum die Blutgerinnung, fördert damit die Thromboseneigung und hemmt die Fähigkeit, solche Gerinnsel aufzulösen. Auch das sind wesentliche Risikofaktoren für Herz-Kreislauf-Erkrankungen.

Diese unerfreulichen Effekte einer stärkereichen Kost sind schon bei gesunden, normalgewichtigen Menschen zu beobachten. So richtig ausgeprägt wirkt sie bei Insulinresistenz, wovon die meisten Übergewichtigen bei Bewegungsarmut betroffen sind. Bei ihnen verschärft sich die Situation noch weiter! Dann ist ein dauerhafter Anstieg des Blutzuckers und entsprechend eine ständig gesteigerte Ausschüttung von Insulin die Folge. Das wiederum schraubt die Blutfettwerte weiter nach oben, was die Insulinresistenz verschlimmert. Und je insulinresistenter jemand ist, desto schneller beginnt sich dieser ganze Teufelskreis zu drehen.

Die dauernde Überproduktion von Insulin erschöpft mit der Zeit die Kapazität der Bauchspeicheldrüse: Die Insulinproduktion lässt nach. Dann entwickelt man seine «Zuckerkrankheit», den Typ 2 Diabetes mellitus. Und zuckersüßes Blut rächt sich bitter. Es liefert die beste Voraussetzung, um seine Blutgefäße frühzeitig zu ruinieren. Nierenversagen, Blindheit, Amputation, Herzinfarkt, Hirninfarkt und Darmkrebs – das sind die typischen Auswirkungen eines langjährigen Diabetes. Doch inzwischen weiß man, dass ein chronisch leicht erhöhter bzw. «hochnormaler» Blutzuckerspiegel das Risiko für Herz- und Hirninfarkt schon um 30 bis 60 % emporschnellen lässt.

Kohlenhydrate als Diabetesrisiko

Langzeit-Beobachtungsstudien haben in den letzten Jahren die Kohlenhydrate als Risikofaktor entlarvt. Je mehr und je häufiger schnell verdauliche Kohlenhydrate, die einen starken Blutzuckeranstieg bewirken, verzehrt werden, desto höher ist das Diabetesrisiko (siehe Kapitel 18). Das sind vor allem raffinierte, stärkereiche Kohlenhydratquellen wie helles Brot, Back- und Teigwaren, Kartoffeln, Reis und diverse Süßwaren. Neueste Studien liefern nun Hinweise, dass diese Nahrungsmittel auch unabhängig vom Diabetes das Herzinfarktrisiko deutlich erhöhen.

Was daraus folgt

- Eine dauerhaft hohe Kohlenhydratzufuhr überfordert bei chronischem Bewegungsmangel die physiologischen Regulationsmechanismen des Körpers.
- Eine hohe Zufuhr von raffinierten, stärkereichen Kohlenhydraten ist beim heute verbreiteten Bewegungsmangel ein Risikofaktor für die Gesundheit.

KAPITEL 18

Fünf am Tag

Wer wüsste nicht, dass Obst und Gemüse ausgesprochen «gesund» sind? Doch warum das so ist, darüber rätseln sicherlich nicht nur die verzweifelten Kinder, denen man gegen ihren Willen Grünzeug und Südfrüchte hineinstopft. Denn bekommt man Vitamin C heute nicht auch in guten Lutschbonbons oder in prickelnder Brause?

Vitamine und Mineralien

Alle Obstsorten sind wertvolle Lieferanten von Vitamin C, Beta-Karotin und anderen Karotinen sowie verschiedenen B-Vitaminen. Von den Mineralien im Obst sind Kalium, Magnesium und Phosphor hervorzuheben.

Die diversen Gemüsesorten zeigen eher unterschiedliche Schwerpunkte im Nährstoffgehalt. Am besten ist deshalb die salomonische Lösung, möglichst alle verfügbaren Gemüse und Salate in schöner Abwechslung in den Speiseplan einzubauen. Generell ist Gemüse aber ein hervorragender Lieferant von Vitamin C und den verschiedenen B-Vitaminen. Vor allem in den roten und gelben Pflanzen stecken auch viele Karotine. Die lassen sich übrigens am besten ausnützen, wenn die Nahrungsmittel erhitzt und püriert sind. Von den Mineralien sind Kalium, Magnesium und Phosphor besonders hervorzuheben. Bei Hülsenfrüchten ist auch noch der relativ hohe Eiweißgehalt anzumerken.

Kalium und Magnesium haben eine Blutdruck senkende Wirkung. Dies gilt als Erklärung dafür, dass ein hoher Obst- und Gemüsekonsum vor Bluthochdruck schützt und damit auch vor einem seiner dramatischen Folgen, dem Hirninfarkt bzw. Schlaganfall.

Lösliche Ballaststoffe

Obst und Gemüse enthalten ganz besondere Vielfachzucker (Polysaccharide), die nicht oder nur zum Teil verdaulich sind. Diese zählen auch zu den Ballaststoffen. Es handelt sich dabei um die so genannte «resistente Stärke», die sich der Spaltung im Dünndarm entzieht und bis in den Dickdarm gelangt. Dort spielt sie für die Darmflora eine wichtige Rolle.

Im Mittel finden sich in 100 g Obst und Gemüse 2 bis 4 g Ballaststoffe. Die mengenmäßig wichtigsten sind Zellulose, Hemizellulose, Pektin und Lignin. Sie verdicken den Nahrungsbrei im Magen-Darm-Trakt, bewirken so ein Sättigungsgefühl und verzögern die Aufnahme von Glukose ins Blut (siehe unten, «Glykämischer Index»). Dadurch werden die Blutzuckerspitzen nach einer Mahlzeit vermieden, womit auch weniger Insulin benötigt wird. Und niedrigerer Blutzucker und weniger Insulin bedeuten weniger Risiko für Übergewicht, Herz-Kreislauf-Erkrankungen und Krebs.

In Gemüsen finden sich lösliche Polysaccharide, die sogar einen direkten Einfluss auf die Blutzuckerkontrolle besitzen. Dazu gehören die so genannten Pflanzengummis und das Inulin. Diese Stoffe können bei genügend hoher Dosierung den Blutzuckerspiegel nach einer Mahlzeit, aber auch im ganzen Tagesprofil, senken und bewirken entsprechend einen niedrigen Insulinspiegel.

Die Ballaststoffe in Obst und Gemüse haben auch einen Cholesterin senkenden Effekt. Primär wird das LDL-Cholesterin gesenkt, das HDL-Cholesterin aber nicht, sodass sich der Quotient von LDL zu HDL verbessert. Am günstigsten auf die Blutfettwerte wirkt sich eine Kombination aus hoher Ballaststoffzufuhr und

hoher Fettzufuhr, bei Überwiegen von ungesättigten Fettsäuren, aus (siehe auch Kapitel 19).
Zudem aktivieren Inhaltstoffe in Obst und Gemüse lebenswichtige Entgiftungsenzyme in der Leber, kurbeln das Immunsystem an und hemmen eine übermäßige Gerinnungsneigung des Blutes. Darüber hinaus aktivieren sie verschiedene Gene zur Bildung bestimmter Hormone und können schließlich auch noch Bakterien und Viren abtöten.
Diese «Positivliste» für Obst und Gemüse ließe sich noch verlängern. Immer mehr Wirkstoffe und Wirkmechanismen werden gefunden, die biologisch plausibel erklären, warum sie eine gesunde Körperfunktion ermöglichen bzw. uns vor Krankheiten schützen. Gemüse enthalten übrigens im Schnitt mehr von diesen Wunderstoffen, die oft als «sekundäre Pflanzenstoffe» bezeichnet werden, als Früchte.
Damit übereinstimmend haben Langzeit-Beobachtungsstudien belegt, dass hoher Konsum von Salaten und Gemüsen das Risiko für Diabetes sowie für Herz- und Hirninfarkt senkt. In Bezug auf Krebserkrankungen findet man einen klaren Schutzeffet im Bereich des Verdauungstraktes.

Glykämischer Index

Der durchschnittliche Blutzuckereffekt der wichtigsten Nahrungsmittel ist bekannt. Er ist im so genannten Glykämischen Index (GI) ausgewiesen. Eine große Menge von einem Lebensmittel mit hohem GI ergibt eine hohe «Blutzuckerladung». Umgekehrt bewirkt ein niedriger GI und eine kleine Portion von Lebensmitteln eine niedrigere «Ladung». Ein GI von über 70 gilt als «hoch», zwischen 55 und 70 als «mittel» und unter 55 als «niedrig». Gesundheitsförderlich ist es daher, vor allem Kohlenhydrate mit möglichst niedrigem GI zu konsumieren.

Der GI wird neben dem unterschiedlichem Zucker- bzw. Kohlenhydratgehalt noch von der Art der physikalischen Einbindung der Kohlenhydrate, vom Ballaststoffgehalt, sowie vom Fett- und Säuregehalt der Speise bestimmt. So haben etwa Nudeln aus Weizenmehl wesentlich niedrigere GI-Werte als Weißbrot. Generell gilt auch, dass ein aus feinem Vollkornmehl gebackenes Brot einen wesentlich höheren GI hat als ein Vollkornbrot, das aus ganz grobem Schrot oder mit noch weitgehend intakten Körnern produziert ist. Bei Brot liefert den günstigsten GI ein Teig, der aus grobem Korn mit natursaurer Führung hergestellt ist. Obst hat trotz seines Gehaltes an Zucker generell einen relativ niedrigen GI, was daran liegt, dass in Obst ein Großteil des Zuckers als Fruchtzucker (Fructose) vorliegt, der im Stoffwechsel sehr langsam zu Glukose umgewandelt wird.

Gemüse hat generell einen niedrigen GI, nicht nur weil es eher wenig Kohlenhydrate enthält, sondern auch wegen seines Ballaststoffanteils.

Five a day

600 bis 800 g Obst und Gemüse für den täglichen Verzehr lautet eine gängige und berechtigte Empfehlung. Um das in praxisnahe Werte zu übersetzen, hatten sich die US-Amerikaner vor 20 Jahren eine plakative Regel ausgedacht: Zunächst hieß sie *Four a day* (viermal am Tag), später dann *Five a day* (fünfmal am Tag).

Dieser griffige Slogan soll uns daran erinnern, mindestens fünfmal täglich Obst und/oder Gemüse zu essen – als Beilagen wie als Zwischenmahlzeiten. Darin gehen Rohkost, frisch gepresste oder hochwertige Säfte und Gegartes ein.

In der Praxis fällt die Einhaltung dieser Regel den meisten Menschen nicht leicht: Es ist teuer (geworden) und im Berufsleben nicht sehr praktikabel. Außerdem verdrängt die allseitige und kostengünstige Verfügbarkeit von Getreideprodukten leicht das Obst und Gemüse bei der Nahrungsauswahl.

Was daraus folgt

- Obst und Gemüse liefern zahlreiche lebenswichtige Nährstoffe.
- Obst und Gemüse zeigen günstige Stoffwechseleffekte.
- Täglich sollten mindestens fünfmal Produkte aus dieser Lebensmittelgruppe gegessen werden.
- Der Großteil der Kohlenhydrate sollte als nichtraffinierte und ballaststoffreiche Produkte, also als Obst, Gemüse und Hülsenfrüchte, zugeführt werden.
- Durch die heutige Dominanz von Getreideprodukten werden hochwertige pflanzliche Nahrungsmittel wie Beeren, Früchte, Wurzeln, Gemüse und Hülsenfrüchte aus der Ernährung verdrängt.

KAPITEL 19

Eiweiss und Fett machen fit

Den unerfreulichen Effekten der kohlenhydrat- und stärkereichen, fettarmen Kost kann man, wie in den letzten Kapiteln ausgeführt, ein Stück weit entgegenwirken, wenn man Nahrungsmittel mit einem niedrigen Glykämischen Index bevorzugt. Früchte, Beeren, Gemüse, Wurzeln, Salate, Vollkorn, möglichst wenig Raffiniertes – das ist Teil der artgerechten Ernährung für Menschen. Es steht jedoch zu befürchten, dass die Begeisterung für eine Kost, die überwiegend aus Körnern und Grünzeug besteht und zudem weitgehend auf alle sichtbaren Fette verzichtet, nicht allzu lang anhalten wird.
Weniger Kohlenhydrate ist die zweite Option, und zwar die artgerechte – vor allem wenn gleichzeitig auch deren Qualität beachtet wird: nicht raffiniert und ballaststoffreich. Dann allerdings muss man sich überlegen, mit welchem Nährstoff eine Kohlenhydrateinschränkung kompensiert werden soll. Mit Eiweiß? Mit Fett? Oder mit beidem? Die Wahl fällt nicht leicht, weil beide Nährstoffe stark mit Ernährungsdogmen belastet sind.

Mehr Eiweiß als bisher

Was passiert, wenn man einen Teil der Kohlenhydrate gegen Eiweiß eintauscht, sodass der Einweißanteil von den zur Zeit üblichen 15 % auf etwa 25 % der Kalorienzufuhr angehoben wird? Dann sinken der Gesamtcholesterinspiegel, das LDL- und VLDL-Cholesterin sowie die Triglyceride, und gleichzeitig wird das «gute» HDL-Cholesterin angehoben. Drüber hinaus wirkt sich diese

Ernährungsumstellung günstig auf den Blutzucker- und Insulinspiegel aus. Und schließlich kann häufig auch ein Blutdruck senkender Effekt beobachtet werden. Außerdem hat Eiweiß von allen Nährstoffen den besten Sättigungseffekt und hilft damit dem Übergewicht vorzubeugen.

Fett verbessert Stoffwechselwerte

So ungewohnt es auch für Laien klingen mag, es bleibt eine Tatsache, die in der Fachliteratur dutzendfach dokumentiert ist: Wird ein Teil der Kohlenhydrate durch Fett ersetzt – vor allem beim Einsatz von ungesättigten Fettsäuren –, sinkt im Vergleich zu einer kohlenhydratreichen und fettarmen Kost der Blutzucker- und Insulinspiegel. Zusätzlich sinken Gesamtcholesterinspiegel, LDL-, VLDL- und IDL-Cholesterin, das Lp(a), die Triglyceride sowie die triglyceridreichen Remnants. Gleichzeitig wird das «gute» HDL-Cholesterin angehoben. Zusammengenommen senkt so eine fettreiche, häufig immer noch als «gesundheitsbedenklich» stigmatisierte Kost das Herzinfarktrisiko deutlich! Wer dies nicht glaubt, soll es probieren oder ans Mittelmeer fahren. Hat man schon mal einen Italiener, Spanier, Südfranzosen oder Griechen beim «Fettsparen» erlebt? Und doch haben diese Mitbewohner Europas merkwürdigerweise die niedrigsten Herzinfarktraten der westlichen Welt.

Diese Effekte kann man selbst bei gesunden Menschen beobachten, aber bei Fett- und Zuckerstoffwechselstörungen – vor allem bei Insulinresistenz und Syndrom X – sind sie umso ausgeprägter! Gleiches gilt sogar beim Typ-2-Diabetiker: Mit rund 45% Fett (überwiegend einfach ungesättigt) und entsprechend niedrigem Kohlenhydratanteil verbessert sich ihr entgleister Stoffwechsel deutlich.

Warum einfach ungesättigt?

Die hauptsächlichen Fettquellen in der Evolution des Menschen waren tierische Fette – Organ- und Bauchfett sowie das Knochenmark. Hierin dominiert damals wie heute die so genannte «Ölsäure», die wichtigste einfach ungesättigte Fettsäure. Inzwischen sind Olivenöl und Rapsöl die Hauptquellen für Ölsäure. Ihr haben diese Öle das hohe Gesundheitsimage zu verdanken. Die einfach ungesättigte Ölsäure senkt die Blutfette in vergleichbarer Weise wie die mehrfach ungesättigte Linolsäure, die überwiegend in Sonnenblumen-, Maiskeim-, Weizenkeim-, Soja- und Distelöl enthalten ist. Ölsäure kann vom Körper selbst synthetisiert werden. Es handelt sich im Grunde um eine körpereigene Substanz. Der Körper kann damit bestens umgehen. Es ist also kein Zufall, dass Ölsäure auch bei höheren Zufuhrmengen keine unerwünschten Nebenwirkungen auslöst, wie es anderseits sehr hohe Dosen an mehrfach ungesättigten Fettsäuren so an sich haben.

Hochungesättigt muss auch sein

Der Körper benötigt für verschiedene Funktionen hoch ungesättigte Fettsäuren (HUFA). Diese sind «essenziell». Es gibt davon zwei unterschiedliche Familien: Die einen nennen sich Omega-6-, die anderen Omega-3-Fettsäuren. Diese Bezeichnungen leitet sich von ihrer chemischen Struktur ab. Die beiden Fettsäurefamilien sind Antagonisten im Stoffwechsel und müssen in einem ausgewogenen Verhältnis im Körper vorliegen. Beide finden sich grundsätzlich nur in tierischem Fett – beispielsweise die Arachidonsäure überwiegend im Fleisch und die Eicosapentaen- oder die Decosahexaensäure überwiegend im Fisch (Makrele, Hering, Sardine, Lachs).

Das erste Fett im Leben eines Menschen stammt aus der Muttermilch. Dieses rein «tierische» Fett enthält nicht zufällig relativ hohe Mengen beider Familie von hochungesättigten Fettsäuren. Eine ungenügende Versorgung im ersten Lebensabschnitt würde schnell zu deutlichen Einschränkungen der Zellfunktionen im Zentralen Nervensystem führen.
In pflanzlichen Fetten kommen grundsätzlich nicht die hochungesättigten, sondern nur die kürzeren, mehrfach ungesättigten Fettsäure vor. Unser Körper kann sie in einem aufwändigen Stoffwechselprozess zu den essenziellen langkettigen, hochungesättigten verlängern. Diese Reaktionen sind aber nicht sehr effizient und mit vielerlei «Schwierigkeiten» verbunden. Denn es gibt dabei einen problematischen Engpass: Beide Fettsäurenfamilien verwenden hierfür das selbe Enzymsystem. In unserer heutigen Ernährung dominieren die Omega-6-Fettsäuren. Sie verdrängen somit die Omega-3-Fettsäuren aus dem Enzymsystem. In der Folge kommt der Aufbau von hoch ungesättigten Omega-3-Fettsäuren zu kurz.

Ausgewogenes Omega-Verhältnis

Die Omega-3-Fettsäuren wirken gefäßerweiternd und Blutdruck senkend, hemmen die Blutgerinnung und damit die Thromboseneigung. Und sie erhöhen die Verformbarkeit der roten Blutkörperchen, was sich in einer Verbesserung der Blutfließeigenschaften bzw. Durchblutung der kleinsten Gefäße in den Geweben niederschlägt. Darüber hinaus stabilisieren sie den Herzrhythmus. Wenn sie mit der Nahrung nicht zugeführt werden und die körpereigene Herstellung wegen der Dominanz von Omega-6-Fettsäuren (Sonnenblumen-, Maiskeim-, Weizenkeim-, Distel- und Traubenkernöl und Margarine daraus) gehemmt ist, kommt es

zu einem Ungleichgewicht bzw. zu einem relativen Mangel mit Krankheitsfolgen.
Um ein gesundes Gleichgewicht zwischen Omega-6 und Omega-3 im Körper zu erreichen, ist deshalb auf eine ausgewogene Zufuhr zu achten. Das «optimale» Verhältnis von Omega-6- zu Omega-3-Fettsäuren liegt bei 2:1 bis 4:1. Im Laufe des Siegeszuges der kostengünstigen Pflanzenfette aus Sonnenblumen, Mais und Soja hat sich das Verhältnis auf etwa 12:1 verschoben!
Vor diesem Hintergrund empfiehlt sich eine Verdoppelung der Zufuhr an Omega-3- und eine deutliche Einschränkung des Konsums an Omega-6-Fettsäuren. Das heißt in der Praxis, viel weniger pflanzliche Fette mit hohem Anteil an Linolsäure, wie etwa Sonnenblumen-, Maiskeim-, Weizenkeim-, Distel- und Traubenkernöl und daraus hergestellte Margarinen zu konsumieren, dafür mehr Omega-3-reiche Nahrung wie Seefisch, Fleisch (Wild), Rapsöl, Walnüsse und gewisse grüne Gemüse.

Was daraus folgt

- Hohe Kohlenhydratzufuhr hat ungünstige Stoffwechselreaktionen zur Folge.
- Eine Erhöhung der Eiweiß- und Fettanteile bewirkt günstige Stoffwechselwerte.
- Ein Teil der Kohlenhydrate in der heute üblichen Kost sollte gegen Eiweiß und Fett ausgetauscht werden.
- Die Fettzufuhr sollte überwiegend aus einfach ungesättigten Fettsäuren bestehen.
- Ein ausgewogenes Verhältnis von Omega-6- zu Omega-3-Fettsäuren ist anzustreben: Man sollte weniger Omega-6- und dafür mehr Omega-3-Fettsäuren konsumieren.

KAPITEL 20

Gengerecht geniessen

Seit die Menschen sesshaft wurden und Ackerbau betreiben, essen sie praktisch nur noch, was «produzierbar» und «vermarktbar» ist. Das unterscheidet sich zum Großteil deutlich von dem, was in unseren Genen als «gesunderhaltend» festgeschrieben ist.

Mit diesem dramatischen Einschnitt in unsere Biologie haben wir uns bereits vor 10 000 Jahren auf die schiefe Ernährungsbahn begeben, schlittern auf ihr immer tiefer in wirtschaftliche Abhängigkeiten und riskieren dabei unsere Gesundheit. Hinzu kommt, dass seit einigen Generationen der Fixpunkt des Stoffwechsels, die Bewegung, konsequent abgebaut wird und damit die evolutionäre Einheit – Ernährung durch Bewegung – voneinander abgekoppelt wurde.

Mit der Erfindung der Mikrochips sind wir endgültig in die «Wohlstandsfalle» getappt: Körperliche Aktivität beschränkt sich heute auf das Drücken von Tasten und Knöpfen. Die menschliche Regulationskapazität ist überfordert, da für dieses bewegungsarme Leben kein genetisches Programm vorgesehen ist. Übergewicht, Störungen des Zucker- und Fettstoffwechsels, Diabetes mellitus vom Typ 2, Herzinfarkt, Hirninfarkt und verschiedene Krebsformen sind die direkten Folgen.

Um eine artgerechte, gesund erhaltende Lebensweise zu realisieren, sind mindestens zwei tragende Säulen zu verändern: Erstens wieder Bewegung in unser tägliches Leben zu integrieren und zweitens die Ernährung wieder «gengerecht» zu gestalten. Es ist schon überaus interessant: Bei der Tierproduktion hat man diese Zusammenhänge längst erkannt, und jeder aufgeklärte, bewusste Bürger fordert inzwischen vehement «artgerechte Tierhaltung». Man will schließlich wieder Fleisch von gesunden Rindern und von «glücklichen Schweinen» auf dem Teller haben, nicht von Bewegungsmangel und falschem Futter krank gemachte und anschließend durch Medikamente gedopte, verseuchte Zombies. Aber wir selbst arbeiten und leben mit Vorliebe unter völlig artfremden Bedingungen ...

«Gesunde» Ernährung falsch definiert

Was in den letzten 40 Jahren als «gesunde Ernährung» definiert wurde – wenig tierisches Eiweiß, wenig Fett und Cholesterin, viele Kohlenhydrate und so weiter –, erhält peinlicherweise die Gesundheit nicht besser als das, was als «ungesund» verschrien war. Dies belegen die beiden größten Langzeitstudien zu Ernährungsfragen auf der Welt: Die *Nurses' Health Study* an 80 000 Frauen und die *Health Professionals' Study* an 50 000 Männern. Beide laufen zur Zeit an der Harvard-Universität in Boston (USA). Nach 14 Jahren Untersuchungsdauer wurden im Herbst 2000 zu dieser Frage Ergebnisse veröffentlicht. Sie dürften bei der Spezies Ernährungsberater für großes Unbehagen sorgen: Ob die Damen und Herren sich maximal oder minimal «gesund» ernährt hatten – bei Frauen fand sich überhaupt kein Unterschied hinsichtlich Herzinfarkt-, Krebs- und Gesamtsterblichkeit. Bei den besonders «gesund» ernährten Männern war – bei all der Mühe – wenigstens ein winziger Gesundheitsvorteil im Vergleich zu den dauerhaft «fehlernährten» nachweisbar. Die Größenordnung des Rückgangs an Herz-Kreislauf-Sterblichkeit, die bei maximal «gesunder» Ernährung beobachtet wurde, erreicht man locker schon mit einem oder zwei Gläsern Wein am Tag. Die Wissenschaftler schließen aus ihren Ergebnissen übrigens nicht, dass es offenbar völlig gleichgültig sei, was man esse. Vielmehr beweise ihre Untersuchung, dass in den letzten 40 Jahren falsche Kriterien für «gesunde Ernährung» vorgegeben worden sind!

Was heißt «artgerechte» Ernährung?

Wie eine artgerechte Ernährungsweise für den Menschen aussehen könnte, lässt sich bislang nur abschätzen. Da ist einerseits die Ernährungsweise unserer archaischen Vorfahren. Anderseits können wir uns des Modells der neuzeitlichen Jäger und Sammler bedienen, die typischerweise bis ins höhere Alter frei von Risikofaktoren wie erhöhte Blutfett- und Blutzuckerkonzentrationen sowie Bluthochdruck waren und bei denen unsere typischen Zivilisationskrankheiten praktisch unbekannt sind. Zu guter Letzt liefern moderne Stoffwechselstudien Belege, mit welcher Ernährungsweise unser Körper am besten zurecht kommt. Wenn man die Ergebnisse dieser drei Forschungsrichtungen integriert, kommt man zum Schluss, dass die «Steinzeitdiät» wohl artgerecht ist. Sie fehlt heute unseren Genen, wobei «Diät» im ursprünglichen Sinn ganzheitlich als «Lebens- und Ernährungsweise» gemeint ist.
Artgerecht hieße folglich eine Eiweißzufuhr im Bereich von etwa 20 bis 30 % der Energiezufuhr, ein Fettkonsum im Bereich von 35 bis 45 % – bei Dominanz von einfach ungesättigten Fettsäuren – und eine Kohlenhydratzufuhr im Bereich von 30 bis 40 % der Kalorien. Das entspricht der Nährstoffrelation, mit der «natürlich» lebende Menschen, Jäger und Sammler, im Durchschnitt leben und über Millionen Jahre gelebt haben und das ist – wohl nicht ganz zufällig – die Nährstoffrelation, bei welcher in modernen, kontrollierten Stoffwechseluntersuchungen die günstigsten Zucker- und Fettstoffwechselwerte erreicht werden.
Offenbar sind wir an diese Kostform genetisch besonders gut adaptiert.

Richtige Trennkost

Bei neuzeitlichen Jäger- und Sammler-Gesellschaften wurde beobachtet, dass sie ihre wenigen Kohlenhydrate überwiegend «pur», als Zwischenmahlzeit konsumieren. Dagegen wurde Protein – in erster Linie Fleisch von großen und kleinen Tieren oder Fisch – meist in Kombination mit Fett gegessen – so wie es von Natur aus in diesen Nahrungsmitteln vorliegt. Tatsächlich ist die Kombination aus Protein und Fett nach heutigem Wissen für den Stoffwechsel unproblematisch. Hingegen bringt die Kombination von Kohlenhydraten und Fett viel oxidativen Stress ins Blut. Alle Welt spricht von der Hay'schen Trennkost; doch diese propagiert genau das Falsche: Kohlenhydrate plus Fett! Das dürfte der Gesundheit eher schaden als nützen. Also wenn schon Trennkost, dann die «Evolutionäre Trennkost» – Getreide mit Obst und Süßem, Zucker oder Honig, aber möglichst kein oder nur wenig Fett dazu!

Umstellung auf «artgerecht»

Wie lässt sich mit dem heutigen Lebensmittelangebot eine artgerechte Steinzeiternährung realisieren? Drei Prinzipien muss man nur berücksichtigen, dann geht das ganz einfach und schmeckt auch köstlich! Allerdings wird das Essen damit wesentlich teurer, als es die Bürger heutzutage gewohnt sind. Aber gut für die schlanke Linie …
Die erste Übung ist die schwierigste: Es gilt, einerseits die Menge der Kohlenhydrate zu reduzieren und andererseits die Qualität zu verbessern. Einzuschränken wäre somit die Brot-, Backwaren-, Kartoffel-, Nudel-, Knödel- und Reisfraktion. Auf den artifiziell hergestellten, zucker- und stärkereichen Knusper- und Knisterkram und auf die zuckersüßen «Erfrischungsgetränke»

sollte man am besten ganz verzichten. Was dann als Getreideprodukte auf den Tisch kommt, sollte so weit wie möglich aus «Vollkorn» bestehen. Bei Brot ist unbedingt auf «Natursauerteig» zu achten.
Im Prinzip sollte der Großteil der Kohlenhydrate über Beeren, Früchte, Wurzeln, Gemüse und Salate abgedeckt werden. *Five a Day* heißt der neudeutsche Slogan: täglich mindestens fünf Portionen davon. Die Vor- und Zubereitung dieser Nahrungsmittel ist sehr arbeitsintensiv und folglich für viele der Hemmschuh für die Umsetzung. Konsequenterweise sollte man dann vermehrt auf nährstoffschonende Konservierungsmaßnahmen setzen, die den Verzehr von Obst und Gemüse steigern helfen.
Die zweite Übung ist einfach: den Eiweißanteil deutlich anheben. Das heißt, dass in Zukunft Fleisch, Geflügel, Fisch, Meeresfrüchte, Eier, Milchprodukte, Hülsenfrüchte und Nüsse mehr Platz auf dem Teller einnehmen sollten – und alles in schöner Abwechslung. Täglich eine Portion Fleisch ist absolut «artgerecht» und somit gesund!
Die dritte Übung ist auch kein Problem: Die Fettqualität muss modifiziert werden. Weil sie nicht per Augenschein beurteilt werden kann, hilft hier nur Fachwissen weiter. In der Hauptsache sollen es einfach ungesättigte Fettsäuren sein, gleichzeitig weniger Omega-6- und mehr Omega-3-Fettsäuren als heute üblich.

Praktische Tipps für artgerechte Ernährung

Beim Verzehr tierischer Produkte, außer bei Fisch, sollte man immer auf Fettarmut achten – nicht etwa um insgesamt eine fettarme Kost zu erreichen, sondern um die Basis für eine verbesserte Fettqualität zu legen.
Seit langem schon ist unser Fettkonsum nicht mehr artgerecht. Denn auf dem Markt dominieren die kosten-

günstigen Pflanzenfette aus Getreide, Mais und Soja mit hohem Gehalt an Omega-6-Fettsäuren und niedrigen Omega-3-Anteilen. Selbst in der Tierernährung setzt man massenhaft diese Pflanzen ein, sodass in deren Fett das gleiche unausgewogene Verhältnis von Omega-6 und Omega-3 zu finden ist. Diese Ernährungsgewohnheiten bedingen dann einen relativen Mangel an Omega-3-Fettsäuren. Deshalb sollte man vor allem fettarme Fleischteile verzehren bzw. bei fetteren Teilstücken möglichst viel vom Fett entfernen, um dann das «richtige» Fett großzügig mit den Beilagen – Gemüse und Salat – als Oliven- oder Rapsöl zu verspeisen.
Olivenöl enthält zwar sehr viel einfach ungesättigte Ölsäure, hat aber kaum Omega-3-Fettsäuren zu bieten. Diese wären in Lein-, Soja- und Rapsöl viel reichlicher enthalten, doch ist Leinöl wegen des speziellen Geschmacks nicht jedermanns Sache. Und im Sojaöl dominieren die mehrfach ungesättigten Omega-6-Fettsäuren. Rapsöl hingegen besteht zu etwa 65 % aus einfach ungesättigten Fettsäuren und hat noch rund 10 % Omega-3-Fettsäuren (Alpha-Linolensäure) zu bieten. Dazu ist auch noch etwa 20 % Linolsäure (Omega-6) enthalten. Das genügt, um einerseits den Bedarf an diesen essenziellen Fettsäuren zu decken, anderseits das Risiko einer möglicherweise ungesunden, übermäßigen Zufuhr von Omega-6-Fettsäuren auszuschließen. Das Verhältnis von Omega-6 zu Omega-3 ist im Rapsöl mit 2:1 sogar «ideal».
Auch Fleisch, speziell artgerecht produziertes, bzw. Wild ist eine günstige Omega-3-Quelle. Seefisch (Makrele, Hering, Lachs, Sardelle, Sardine) wäre die beste Quelle für die hochungesättigten Omega-3-Fettsäuren! Deshalb und wegen des hochwertigen Proteins und der hohen Jod- und Fluorgehalte wäre es wohl empfehlenswert, mindestens viermal pro Woche Fisch zu essen! Bei den bereits überfischten Meeren ist dies allerdings unrealistisch.

Pragmatisch wäre es, bei Fischmahlzeiten Olivenöl und bei der Bereitung von Fleisch Rapsöl einzusetzen, um jeweils die Omega-3-Fettsäuren zu berücksichtigen. Zusätzlich sollte man vermehrt pflanzliche Lebensmittel mit interessantem Gehalt an Omega-3-Fettsäuren (Alpha-Linolensäure) in den Kostplan einbeziehen. Das wären grünes Blattgemüse wie Spinat, Mangold und vor allem Portulak.

Nüsse sind wertvolle Lieferanten von Eiweiß und essenziellen Fettsäuren. Besonders die Walnüsse liefern reichlich Omega-3-Fettsäuren. Keine Angst vor ihrem hohen Kaloriengehalt! Das Geheimnis des sinnvollen Nussverzehrs ist, sie als eigenständige Mahlzeit zu knabbern, nicht mechanisch und ohne jedes Hungergefühl beim Fernsehen im Anschluss an ein magenfüllendes Abendessen in sich hineinzustopfen. Nüsse befriedigen und sättigen ganz vortrefflich. Zudem bietet es sich an, Nüsse als Beigabe zu Gemüse und Salaten einzusetzen.

Von den Milchprodukten sind aus «steinzeitlicher» Sicht vor allem fermentierte Sorten, also Sauermilchprodukte wie Joghurt, Kefir, Buttermilch, aber auch verschiedene Hartkäse empfehlenswert. Damit kann man auch das Risiko einer Milchzucker-Unverträglichkeit umgehen. Solche fermentierte Produkte zeigen ein Reihe von günstigen Wirkungen auf den Stoffwechsel und das Immunsystem. Milchprodukte sind nicht nur Quellen hochwertigsten Eiweißes, sondern auch die wichtigste Kalziumquelle und daher kaum ersetzbar.

Mediterrane Kost als Vorbild

Wenn das Essen von Obst, Gemüse, Salaten und Hülsenfrüchten, Oliven- oder Rapsöl, Fisch, magerem Fleisch und Geflügel und von Nüssen, Pilzen, Joghurt sowie anderen Sauermilchprodukten dominiert wird, kann es mit Fug und recht als «neusteinzeitlich» und

damit als «artgerecht» bezeichnet werden. Die Mittelmeeranwohner essen weitgehend so. Deshalb bietet es sich natürlich an, die Mittelmeerküche als Modell für gesunde Ernährung zu nehmen. Allein den dort traditionell relativ hohen Verzehr von Stärke, also Weißmehlprodukte, weißem Reis und Kartoffeln (was durch die relative Armut dieser Länder während der letzten Jahrhunderte erklärbar ist) gilt es zu reduzieren.
Die Prinzipien der Mittelmeerküche lassen sich mit den landesüblichen Produkten leicht und wohlschmeckend auch auf deutsche, österreichische oder schweizerische Verhältnisse umsetzen. Und an Stelle der Weißmehlprodukte bevorzuge man die Vollkornvarianten.

Was essen und trinken?

- Zum Frühstück: Obst und/oder Vollkornprodukte.
- Als Zwischenmahlzeiten: Obst und/oder Sauermilchprodukte und/oder Nüsse.
- Als Vorspeisen: Gemüse- oder Fleisch- bzw. Fischsuppen, in Öl eingelegte Gemüse (Antipasti) oder Rohkost mit Raps- oder Olivenöl-Dressing.
- Als Hautmahlzeiten: fettarmes Fleisch/Fisch/Meeresfrüchte/Eier, am besten alle Sorten in Abwechslung.
- Zu allen Hauptmahlzeiten: große Portionen verschiedener Gemüse und/oder Salate.
- Einmal pro Tag als Vorspeise oder als Beilage zur einer Hauptmahlzeit: eine Portion Vollkornteigwaren, Vollkornreis oder auch einmal Kartoffeln.
- Als Nachspeisen: Käse, andere Sauermilchprodukte oder Obst/Obstsalate.
- Täglich Wein – am besten zum Essen.